AM ANFANG STEHT DAS FERNWEH

»Klein oder groß, bunt oder einfarbig,

harmlos oder mitunter gefährlich –

Tieren gehört seit jeher

meine Liebe und Entdeckerfreude.«

NATIONAL GEOGRAPHIC

Carmen Rohrbach

AM ANFANG STEHT DAS FERNWEH

Vierzig Jahre Abenteuer

INHALT

1983

LEADER
BABY LIZA
SUAIB FAMILY
JEEP

VIERZIG JAHRE ABENTEUER – WAS IST DAS FÜR EIN LEBEN?

Abenteuer als Beruf oder Berufung? Wie soll man sich das vorstellen? Bedeutet es etwa, sich vierzig Jahre lang unentwegt Gefahren auszusetzen? Da möchte man schon wissen, was ist das für ein Mensch, der sein Dasein dem Unterwegssein geweiht hat ...

Das Abenteuer-Gen ist mir in die Wiege gelegt worden. Zufällig hat es sich in mir manifestiert, denn weder bei meinen Eltern noch bei den Geschwistern oder sonst jemandem in der Verwandtschaft – obwohl meine besorgten Eltern eifrig nachgeforscht haben – gab es eine ähnliche Veranlagung.

Mir ging es allerdings nie um Rekorde und um Wettbewerb, nie darum, etwas Gefährliches zu erleben oder das Risiko herauszufordern, im Gegenteil – ich bin stets bemüht, die Gefahr bei meinen Unternehmungen gering zu halten, indem ich mich intensiv vorbereite. Nie bin ich einfach losgefahren, vor jeder Reise sammle ich alle mir zugänglichen Informationen, wäge ab, ob und was ich mir zutrauen kann.

Ebenso wenig ging und geht es mir darum, mit meinem gewohnten Umfeld zu brechen, nicht um Selbsterkenntnis und Selbstbestätigung, auch nicht darum, meine eigenen Grenzen zu testen, sondern immer und stets nur darum, die Umwelt, eben die Natur mit ihren Pflanzen, Tieren und Menschen zu entdecken, zu erforschen, zu beobachten und zu beschreiben. Es sind Neugier und Fernweh, die mich antreiben. Die Neugier, mehr über uns und unser Dasein auf der Erde zu erfahren. Die Schönheiten und Geheimnisse unseres Planeten zu ergründen. Die Sehnsucht, in die Ferne, hinter den Horizont zu blicken.

Von den Zielen, zu denen ich aufgebrochen bin, habe ich schon in meiner Jugend geträumt, meist aufgrund von Lektüre. Kaum konnte ich lesen, griff ich nach den Büchern in Vaters Bücherschrank, wie zum Beispiel »Nanga Parbat«, über Bergsteigerexpeditionen im Himalaya. In der Stadtbücherei suchte und fand ich Bücher über Nord- und Südpolexpeditionen, Berichte von Afrikaforschern und Sven Hedins Wüstendurchquerungen. Diese Forschungsreisenden waren meine Vorbilder, ihnen wollte ich nacheifern. So ist eine innere Liste entstanden, die ich als Erwachsene verwirklichte.

Fernweh hatte ich schon als Kind

Ob mein Fernweh durch meine Kindheit in der DDR entstanden ist, bezweifle ich. Denn noch bevor ich begriff, dass ich in einem Land lebte, das ein riesiges Gefängnis war, mit quasi ausbruchsicheren Grenzen, war sie schon da – die Sehnsucht nach der Ferne. Ich erinnere mich deutlich, es war noch vor der Schulzeit, da wollte ich aufbrechen zu dieser magischen Linie zwischen Himmel und Erde, wollte schauen, was sich hinter dem Horizont verbirgt. Es war zunächst noch ein unbestimmtes, ein diffuses Gefühl, ein Wünschen und Sehnen, wie es wohl den meisten Kindern eigen ist. Bei mir jedoch ist es nie erloschen, hat sich verstärkt und entwickelt. Mit Hilfe der Bücher über Forschungsreisen wurden meine Vorstellungen konkreter. So erfuhr ich beim Lesen, wie anstrengend und entbehrungsreich ein solches Leben ist. Das schreckte mich keineswegs ab, stattdessen begann ich zielstrebig zu trainieren, wie lange ich ohne zu trinken aushalte, ohne zu essen leistungsfähig bleiben würde oder wie gut ich eisige Kälte vertragen könnte.

Bei niemandem konnte ich mir Rat und Hilfe holen. Den Beruf des Forschungsreisenden gab es damals nicht. Dennoch bereitete ich mich konsequent auf ein Leben vor, das in der DDR nicht vorgesehen war, für das es keinen Bedarf und kein Beispiel gab. Meine Eltern sorgten sich, versuchten aber nicht, mich von meinem Weg abzubringen. Sie klammerten sich an die Hoffnung, dass ich mit den Jahren »vernünftig« werden würde.

Allmählich begriff ich, zumindest als ich mein Biologiestudium begann, dass ich nie den Himalaya, den Amazonas, den Nil, die Anden, die Galapagosinseln und die Atacamawüste sehen würde. Nicht einmal die Alpen würden mir vergönnt sein. Jedoch erst als mir durch abstruse Vorschriften selbst Expeditionen in sozialistische Länder, in die Mongolei,

Oben: Dieses Chamäleon entdeckte ich am Waterberg, wo es sich, gut getarnt durch seine grüne Farbe, im Blätterdickicht versteckt hatte.

Unten: Mit meiner Filmkamera habe ich auf den Galapagosinseln Meerechsen gefilmt, auch später war sie oft in meinem Reisegepäck.

nach Kuba und Sibirien untersagt wurden, wagte ich, aus dem DDR-Gefängnis auszubrechen. Es war das erste und einzige Mal, dass ich wissentlich und willentlich mein Leben aufs Spiel setzte, es in die Wagschale warf, um die Freiheit zu gewinnen.

Ich wagte alles – und gewann, und konnte fortan für die Verwirklichung meiner Träume leben: das gewohnte Umfeld verlassen, mich einfügen in eine andere Kultur, andere Lebensweisen und Wertvorstellungen; diese eine Zeitlang teilen, um sie verstehen zu können, und dann zurückkehren in meine Schreibstube und darüber berichten. Das Schreiben war von Beginn an ein wesentlicher Beweggrund für mich. Reisen und Schreiben – das ist für mich eine untrennbare Einheit. Indem ich das Erlebte in Worte fasse, kann ich es noch einmal erleben, oft intensiver als zuvor in der Wirklichkeit. Beim Schreiben nimmt man die Gefühle deutlicher wahr, die man im Augenblick des Erlebens nur unterschwellig registriert hatte, weil man den richtigen Weg finden, sich um Nahrung, Wasser und einen Unterschlupf für die Nacht kümmern musste. Meine Arbeit als Autorin erlaubt es mir, zweimal und beim zweiten Mal sogar bewusster und tiefer wahrzunehmen, weil ich beim Schreiben alles hervorlocken kann, was ich in meinem Inneren gespeichert habe.

Dabei kehre ich an den Tatort zurück, den ich wie von einem höheren Blickwinkel aus betrachten kann. Als das eigentliche Erlebnis geschah, war ich ihm ziemlich wehrlos ausgeliefert. Beim Schreiben werde ich zum Akteur. Mein Anliegen dabei ist, meine Leser auf die Reise mitzunehmen, als würden sie diese selbst erleben.

Ich bin mir dessen bewusst, dass ich privilegiert bin, weil ich ein Leben führe, wie ich es mir in meiner Jugend erträumt habe. Allerdings war die Chance, dass es mir gelingen würde, äußerst gering. Doch ich habe nie aufgegeben.

Ich bin überzeugt, eine Reise beginnt nicht in dem Moment, da wir uns auf den Weg begeben, und sie endet nicht, wenn wir ans Ziel gelangt sind. In Wahrheit beginnt sie viel früher, wenn unsere Fantasie ihre Traumbilder produziert, und sie ist faktisch nie zu Ende, weil die Bilder unserer Erinnerung in unserem Inneren weiter ihren Reigen tanzen.

Carmen Rohrbach

Biologen zerbrechen sich seit Jahren den Kopf, warum Zebras Streifen haben. Trotz abenteuerlicher Vermutungen haben sie noch keine Lösung gefunden. Möglich, dass sich die Tiere untereinander am Streifenmuster erkennen.

Chamäleons passen sich nicht nur farblich ihrer Umgebung an, sondern signalisieren mit Farbveränderungen ihre Stimmungen: Wut, Angst, Wohlbefinden, Hunger, Paarungsbereitschaft. Dieses Tier entdeckte ich am waldreichem Waterberg in Namibia.

FREMDE HEIMAT – WIE ALLES BEGANN

Der Zug hält in Naumburg. Ich blicke aus dem Fenster hinaus zum Bahnsteig. Erkenne ich ihn wieder? Als Kind bin ich hier mit meinen Eltern hin und wieder ausgestiegen, um den Naumburger Dom zu besichtigen, vielleicht auch um einzukaufen. Ich erinnere mich jedoch nur an den Dom, der mich damals mit seiner himmelhochstrebenden Größe tief beeindruckte.

Den Bahnsteig hätte ich ohne die Beschilderung und die Ansage des Schaffners nicht erkannt. Nun sind es nur noch fünf Kilometer bis zu meiner Heimatstadt Freyburg, die ich verließ, als ich 14 Jahre alt war. Die Waggons rollen wieder. Bisher war ich nicht aufgeregt, aber nun beginnt mein Herz heftig zu schlagen. In wenigen Minuten wird der Zug in Freyburg halten, und ich werde aussteigen. Was wird mich erwarten? Werden mich die Erinnerungen überfluten? Werde ich meine Heimat wiedererkennen, und was werde ich dabei fühlen? Werde ich enttäuscht sein, weil die Wirklichkeit nicht meinen inneren Bildern standhält?

Der Zug fährt jetzt über eine Brücke, unten ein Fluss, die Saale. Nicht weit entfernt mündet die Unstrut im »Blütengrund« in die Saale – schon in meiner Kindheit regte der Name meine Fantasie an.

Die Unstrut ist »mein« Fluss, in dem ich schwimmen lernte und bis zum Grund hinabtauchte. Auf goldene Nibelungenschätze stieß ich dort nicht, auch nicht auf Werkzeuge oder Pfeilspitzen aus der Steinzeit, wie sie im Freyburger Museum ausgestellt sind. Ich entdeckte auch keine Himmelsscheibe, obwohl die Unstrut nur wenige Kilometer entfernt am Städtchen Nebra vorbeifließt, in dessen Nähe der bronzezeitliche Kalender ausgegraben wurde. Dafür fand ich jedoch bunte Kiesel und Muscheln, so groß wie meine Hand.

Früh übt sich ...

Die Reben an den Berghängen zeigen mir an, dass der Zug jetzt das Tal der Saale verlassen hat und durch das bekannte Weinbaugebiet an der Unstrut fährt. Auf der linken Seite erstreckt sich ein bewaldeter Bergrücken, »mein« Rödel. Dort ging ich als Kind auf Entdeckungstour, beobachtete Tiere, sammelte Pflanzen – und entwickelte mich zu einer leidenschaftlichen Naturforscherin.

Es gibt Momente im Leben, an denen die Weichen gestellt werden für spätere Lebensziele, die man zu diesem frühen Zeitpunkt aber noch nicht erkennen kann. Wurde eine solche Weiche gestellt, als ich mit meinen Eltern von Bautzen nach Freyburg zog? Wenn wir in der Stadt geblieben wären, hätte ich mich dann möglicherweise nicht zu dem Menschen entwickelt, der ich heute bin? In Bautzen lag keine wilde Natur vor der Haustür, die nur darauf zu warten schien, dass ich sie erkundete.

Die ersten Kindheitsjahre verbrachte ich also in Bautzen. Zu unserem Haus gehörte ein Garten, dessen blühende Wiese nur einmal im Jahr mit der Sense gemäht wurde und so hoch wuchs, dass sie mir bis unter das Kinn reichte. In diesem Garten kletterte ich auf Bäume, versteckte mich unter Büschen, fing Käfer, Raupen und Schnecken. All diese Tiere brachte ich in die Wohnung und setzte sie in Kästen, Schachteln und Gläser, um sie dort weiter zu beobachten. Dabei lernte ich schnell, dass Hummeln stechen, wenn man sie zu fest anfasst, und Libellen trotz ihres gefährlichen Aussehens harmlos sind, weil sie keinen Stachel haben. Meine Eltern unterstützten mich zwar nicht in meinem Tun, verboten es mir aber auch nicht. Allerdings erlaubten sie mir nicht, die Tiere frei in der Wohnung herumlaufen zu lassen. Ich gönnte ihnen aber dennoch ab und zu ein bisschen Auslauf im Zimmer, wenn die Eltern nicht aufpassten. So war mein Lebensweg wohl doch schon von Anfang an vorgezeichnet, und meine Eltern mussten sich notgedrungen an ihre seltsame Tochter gewöhnen. Ich bin ihnen noch heute dankbar, dass sie nicht versuchten, mich auf Normalmaß zurechtzustutzen.

Als wir umzogen, war ich sechs Jahre alt. Meine Mutter hatte mir von der Kastanienallee am Bahnhof erzählt, um mir den Abschiedsschmerz von meinem geliebten Garten in Bautzen zu versüßen. Sie konnte nicht ahnen, dass Freyburg

Oben: Freude an der Natur erlebte ich schon in früher Kindheit gemeinsam mit den Eltern, wenn wir auf den Rödel wanderten.

Unten: Am liebsten war ich schon als kleines Kind draußen. Mein frühestes Naturerlebnis hatte ich in einem verwilderten Garten, den ich ganz für mich allein erforschen konnte, denn andere Kinder gab es keine in der Nachbarschaft.

mir viel mehr zu bieten hatte: uralte Buchenwälder und einen Berg für mich allein.

Der Zug hält, aber wie irritierend, er ist am Bahnhof vorbeigefahren und stoppt etwa 200 Meter weiter bei einem Haltepunkt an der Landstraße unter freiem Himmel. Ich steige aus, laufe zum Bahnhof zurück und muss feststellen, dass der prächtige historische Backsteinbau von 1889 nicht mehr in Betrieb ist. Der Denkmalschutz konnte verhindern, dass er abgerissen wurde, aber die Bahn hat keine Verwendung mehr für ihn. Der Bahnhofvorplatz ist ungepflegt, Pflanzen wuchern zwischen Pflastersteinen, die Bahnhofshalle ist leer und die Uhr stehengeblieben. Hier steigt niemand mehr aus oder ein.

Ich erinnere mich noch sehr gut an diesen Freyburger Bahnhof, obwohl er kein Sehnsuchtsort für mich war. Ich wollte ja schon damals viel weiter fort, dorthin, wo kein Zug mehr fährt, über das Meer zu anderen Kontinenten. Immerhin benutzten wir diesen Bahnhof oft, wenn unsere Familie kleine Reisen unternahm – nach Naumburg, Bad Kösen oder Bischofswerda, wo die Eltern meiner Mutter lebten. Der Zug brachte uns nach Laucha, wo wir viele Wochenenden auf dem Flugplatz verbrachten, weil mein flugbegeisteter Vater seinen Segelflugschein machte und hoch am Himmel kreiste. Ich bettelte mitfliegen zu dürfen, aber es hieß, ich müsse warten, bis ich älter sei. Und wir fuhren auch nach Nebra, wo mein Vater als Leiter der Volkshochschule arbeitete.

Die Kastanienallee, mit der mich meine Mutter locken wollte, gibt es nicht mehr. Sie führte vom Bahnhof bis zur Brücke über die Unstrut, und im Frühling waren die Bäume mit ihren weißen und roten Blütenkerzen ein prachtvoller Anblick. Ich schlage den Weg zur Uferpromenade ein, wo das Wehr wie ehedem rauscht. Als ich über die Brücke meinem einstigen Schulweg folge und schließlich im Zentrum ankomme, staune ich – und erkenne Freyburg kaum wieder. Früher boten hier graue Häuser mit bröckelndem Putz einen freudlosen Anblick. Wir waren daran gewöhnt, und ich kannte es nicht anders, wuchs ich doch von Geburt an in der DDR auf. Im Gegensatz zu den meisten Erwachsenen hatte ich keinen Vergleich zu früheren Zeiten. Doch ich weiß noch genau, dass ich schon als Kind nicht verstehen konnte, weshalb sich niemand bemühte, Schönheit ins Leben zu bringen, Hässliches zu beseitigen und pfleglich mit seiner Umgebung umzugehen.

Wie bin ich nun überrascht, was aus Freyburg geworden ist. Es sind noch die gleichen Häuser wie damals, aber sie haben wie Aschenputtel ihren schmutzigen Kittel abgeworfen und ihre schönsten Kleider angelegt. Die Gebäude tragen frische Farben, der Stuck an den Fassaden ist liebevoll restauriert, Friese sind farblich hervorgehoben, Holztüren von der Patina der Zeit befreit, sodass Schnitzereien zum Vorschein gekommen sind. An zahlreichen Häusern ranken sich Weinreben empor, und die Balkone sind mit Blumen geschmückt. Ich erinnere mich daran, welche Mühe sich mein Vater gab, meine Mutter zum Hochzeitstag mit einem Blumenstrauß zu

Oben: Den ersten Blick auf die Altstadt von Bautzen hatte ich im Kinderwagen, in dem mich meine Mutter über die »Friedensbrücke« schob. Von Bautzen zogen wir fort, als ich sechs Jahre alt war.

Unten: Der Gondelteich neben dem Schwimmbad in meiner Geburts- und Abiturstadt Bischofswerda. Nach dem erfrischenden Bad übte ich mich hier im Kanufahren.

erfreuen. Irgendwie schaffte er es immer wieder. Warum es in meiner Kindheit so gut wie keine Blumen zu kaufen gab? Vielleicht, so denke ich mir, mussten Privatgärtnereien ihren Betrieb einstellen und die staatlichen Gärtnereien hatten andere Aufgaben, als den einfachen Menschen im Land den grauen Alltag mit Blumen zu verschönern.

Am besten waren die Ernteeinsätze

Ich spaziere beeindruckt durch die Straßen und Gassen meiner sich zum Schmuckkästchen gewandelten Heimatstadt, überquere den Marktplatz und gehe an der Stadtkirche St. Marien vorbei. Das gotische Bauwerk mit den beeindruckenden Türmen gilt als die kleine Schwester des Naumburger Doms. Eines Tages hockte dort an der Kirchenmauer ein schwarzes Wesen, eine aus dem Nest gefallene Dohle. Sie konnte nur hüpfen und leistete keinen Widerstand, als ich mich anschlich und sie einfing. Meine Mutter war wenig erfreut, als ich schon wieder ein Tier anschleppte. Doch sie wusste aus Erfahrung, dass ich mich nicht davon abbringen lassen würde, die junge Dohle aufzuziehen. Es gelang mir zwar, den Vogel aufzupäppeln, doch zähmen konnte ich ihn nicht. Die Dohle war dazu nicht mehr jung genug und in ihrem Alter bereits auf ihre Eltern geprägt. Sie flog davon, sobald sie dazu in der Lage war.

In der Nähe der Kirche steht die Schule. Es ist Nachmittag und kein Unterricht mehr. Ich öffne die schwere Tür, gehe einen Gang entlang und eine Treppe hinauf, versuche mir vergeblich ins Gedächtnis zu rufen, wo mein Klassenzimmer lag. Angeblich sind einem noch nach Jahren der Geruch der Schulzeit und die damit verbundenen Gefühle präsent. Ich weiß nicht, ob meine Schule damals einen speziellen Geruch hatte – heute kann ich auf jeden Fall keinen feststellen. Auch steigen in mir keine bestimmten Gefühle auf, nur die Erinnerung an Stunden voller Langeweile, in denen ich, die so gern alles wissen wollte, meinte, nur meine Zeit zu verschwenden. Vielleicht lag es daran, dass ich vor Beginn eines jeden Schuljahres meine Neugier nicht zähmen konnte und die neuen Lehrbücher schon vorab las.

Von der Schulzeit sind mir nur die Ernteeinsätze in Erinnerung geblieben, denn die gefielen mir. Allein schon auf einem Traktoranhänger aufs Feld gefahren zu werden, fand ich abenteuerlich. Im Frühling sammelten wir die gefräßigen Kartoffelkäfer, von denen es hieß, die Amerikaner hätten sie aus Flugzeugen abgeworfen, um unserer DDR zu schaden. Tatsache ist, dass es früher diese Käferart nicht bei uns gab. Im Sommer verzogen wir Rüben, weil aus jedem Samen mehrere Pflanzen keimten und nur die kräftigste weiterwachsen durfte. Und im Herbst ernteten wir Kartoffeln. Der Höhepunkt war, wenn das abgestorbene Kraut verbrannt wurde. In die hoch auflodernden Flammen warfen wir Kartoffeln und ließen sie solange darin, bis sie außen schwarz verkohlt, aber innen heiß und köstlich waren.

Als ich wieder draußen vor dem Gebäude stehe, lese ich an der Fassade den Schriftzug »Friedrich Ludwig Jahn Schule«. Ich weiß nicht, ob meine Schule damals auch schon diesen Namen trug. Allerdings war Turnvater Jahn uns Kindern durchaus ein Begriff. Wir wussten, dass er in Freyburg gelebt hatte und 1852 gestorben war. Er galt jedoch als Wegbereiter des Nationalsozialismus und passte mit seiner betont deutschnationalen Gesinnung nicht zur Ideologie der DDR, dabei war Jahns Haltung durch den Freiheitskampf gegen die napoleonische Fremdherrschaft bedingt. Zwar konnte man Jahn nicht völlig ignorieren, vermied aber, ihn zu glorifizieren. Verstohlen schmückte man sich mit dem berühmten Namen. Unser Sportunterricht fand in der prächtigen Jahn-Sporthalle statt, Deutschlands ältester Turnhalle.

Ich drehe eine Runde im Schulhof, wie es damals in den Pausen üblich war. Wir sollten uns bewegen und nicht herumstehen. Die Lehrer, die Aufsicht hatten, achteten darauf, dass wir artig im Kreis gingen. Jeden Montag mussten wir zum Fahnenappell auf dem Schulhof in Pionierkleidung mit blauem Halstuch erscheinen. Meine Erinnerung daran ist unklar und verwischt – das Gedächtnis ist wie ein Palimpsest, wie eine im Lauf der Zeit immer wieder neu überschriebene Textseite voller Eindrücke und Gefühle. Was wir

Oben: Der Blick von der Neuenburg in Freyburg über das Unstruttal zum Rödel.

Unten: Der Burghof der Neuenburg war ein häufiges Ziel für Sonntagsausflüge mit meinen Eltern. Der Brunnen links im Bild reicht mehrere hundert Meter tief zum Grundwasser der Unstrut.

glauben vergessen zu haben, ist nur verdeckt. Doch so sehr ich mich auch bemühe, ich kann mich nicht wahrnehmen, wie ich als Schulkind war, ich sehe mich nicht, nicht einmal einen verschwommenen Schatten. Ich weiß nur, dass ich schon damals etwas wollte, was mir die Schule nicht bieten konnte.

Auf dem Weg zur Pension Weintraube, in der ich ein Zimmer gemietet habe, komme ich in der Oberstraße an der Sektkellerei vorbei. Da ich noch nie in der Kellerei gewesen bin, beschließe ich, an einem der nächsten Tage an einer Führung teilzunehmen. In meiner Kindheit war der Begriff »Rotkäppchen-Sekt« eine feste Größe, nur zu kaufen gab es den Sekt nicht. Wenn man Beziehungen hatte, konnte man den Angestellten der Sektkellerei ihren Deputatsekt abhandeln. Was meinen Eltern, da sie als Zugezogene nicht zu den Ur-Freyburgern gehörten, wohl nicht gelang. Mich interessierten damals jedoch weder die Fabrik noch der Sekt, sondern nur die dazugehörigen Weinberge, in denen ich Trauben naschen und Eidechsen fangen konnte.

Auf meinem Erinnerungsweg wandere ich am nächsten Morgen zur Neuenburg hinauf. Diese war um 1090 vom Thüringer Grafen Ludwig dem Springer erbaut und so benannt worden, weil er zuvor die Wartburg hatte errichten lassen. Die mächtige Anlage thront direkt über dem Städtchen und ist von einer intakten Burgmauer umgeben. Neben dem imposanten Schloss mit den roten Dächern ragt der Bergfried auf. Der runde, 23 Meter hohe Wehrturm mit den drei Meter starken Mauern wird »Dicker Wilhelm« genannt – weshalb, konnte mir niemand beantworten. Ich erfuhr nur, dass es früher drei solche Rundtürme gegeben hatte. An so manchen Sonntagen zog unsere Familie zur Burg hinauf. Ich habe noch das Bild vor Augen: Mutter schiebt den Kinderwagen, in dem mein Bruder liegt. Mein erfindungsreicher Vater hat vorn am Kinderwagen eine Wäscheleine befestigt, die er sich wie ein Zugpferd umgebunden hat. So kann er meiner Mutter das Schieben auf den steilen Serpentinen erleichtern, die durch den Bergwald hinaufführen. Oben angelangt, schauten wir jedes Mal alle in den tiefen Burgbrunnen, auch der Bruder wurde aus dem Wagen genommen und über die Brüstung gelegt. Dann warf mein Vater ein Steinchen hinein, und wir zählten laut die Sekunden mit, bis es unten anlangte und sich durch seinen Aufprall der Wasserspiegel verdunkelte. Auf diese Weise veranschaulichte er uns die enorme Tiefe des Brunnens.

Den eigenen Weg finden

Jedes Mal besichtigten wir auch die Prunksäle der Neuenburg. Damals beeindruckte mich besonders die Erzählung über die Landgräfin Elisabeth, die einige Jahre in der Burg gelebt hatte. Die ungarische Königstochter musste mit vier Jahren ihre Heimat verlassen, weil sie dem thüringischen Landgrafen Ludwig IV. versprochen war, den sie mit 13 Jahren heiratete. Sie tat mir leid, und ich stellte mir vor, wie sie am Fenster stand und voller Sehnsucht und Heimweh hinausblickte. Wie sie schaute ich aus einem der Burgfenster und sah, was sie damals gesehen hatte. So wurde für mich Geschichte plötzlich lebendig und begreifbar. Ihre Zuflucht fand Elisabeth im Glauben, schon zu Lebzeiten wurde sie

»Das Schicksal der heiligen Elisabeth von Thüringen bestärkte mich darin, immer meinen eigenen Weg zu gehen und mich nicht von meinen Zielen abbringen zu lassen.«

als Heilige Elisabeth von Thüringen verehrt. Nachdem ihr Gemahl bei einem Kreuzzug umgekommen war, legte sie ein Armutsgelübde ab, verschenkte ihre prächtigen Kleider und ihren Schmuck. Sie geriet an einen fanatischen Beichtvater, der sie blutig geißelte und ihr unsägliche Entbehrungen auferlegte, sodass sie schon mit 24 Jahren starb. Ihr unglückliches Leben berührte mich als Kind tief, und ich war froh, in ein Zeitalter hineingeboren zu sein, in dem ich selbst über meine Zukunft bestimmen kann. Ihr Schicksal bestärkte mich darin, immer meinen eigenen Weg zu gehen, mich nie von der Meinung anderer abhängig zu machen und frei und unabhängig zu leben. Jedes Mal, wenn wir auf der Neuenburg waren, dachte ich an sie. Es machte mich wütend, dass Elisabeth so leiden musste, und ich war traurig, weil sie ihre Mutter im fernen Ungarn nie mehr wiedergesehen hatte. Erst viel später erfuhr ich, dass ihre Mutter, die ungarische Königin, als Gräfin Gertrud von Andechs in Bayern aufgewachsen war. So schließt sich wieder der Kreis von Freyburg zu meiner Wahlheimat am Ammersee.

Nach der Burgbesichtigung wanderten wir stets auf dem Höhenrücken weiter zum Edelacker, breiteten dort an einem schönen Platz eine Decke aus und verspeisten unser mitgebrachtes Essen. Im Frühling verströmten die Weißdornhecken einen betörenden Duft, im Herbst kostete ich die sauer-bitteren Schlehen, und im Sommer ging ich auf Eidechsenjagd. Zum Entsetzen meiner Mutter fing ich auch manchmal eine Schlange.

Bis zuletzt habe ich mir bei meinem Heimatbesuch den Weg zum Rödel aufgehoben, meinem Berg mit den tiefen Buchenwäldern. Deren damalige Bäume müssen weit über 100 Jahre alt gewesen sein. Ihre Stämme mit der glatten Rinde glichen Säulen, und das Kronendach über mir war wie ein Gewölbe, durch das grüngefiltert das Sonnenlicht fiel. Ich fühlte mich, als würde ich durch heilige Hallen wandeln. Im Frühjahr war der Waldboden blau von Leberblümchen und weiß von Buschwindröschen.

Damals wohnten wir direkt am Berghang im letzten Haus der Siedlung. Es lag schon außerhalb der Ortschaft, so war mein Schulweg ziemlich lang. Ich musste die Landstraße, die Bahnschienen, dann die Brücke über die Unstrut überqueren, rechts das Wehr und links die Schleusen. Wenn ich hochblickte, hatte ich die Neuenburg vor Augen, wenige Schritte weiter sah ich schon die Dächer der Stadt, aus denen die Türme der St. Marienkirche hervorragten.

Dieser Schulweg war für mich das Beste an der ganzen Schulzeit. Ich ging mit wachen Augen und zugleich träumte ich vor mich hin. In meiner Lieblingsvorstellung begegnete ich überraschend einem Forscher, der noch Mitglieder für sein Expeditions-Team suchte, es hätte auch ein Kapitän sein können, der mit einem Forschungsschiff über die Weltmeere segeln wollte. Jedes Mal widerstand ich der Versuchung, auf und davon zu gehen. Ich wollte zuvor noch mehr lernen, mehr wissen, um ein gleichberechtigtes Mitglied zu sein. So ging ich wohl oder übel weiter zur Schule, wo mir rein gar nichts für mein zukünftiges Leben beigebracht wurde. Der Ausweg und mein Tor zum Wissen waren Bücher, die ich aus der Bibliothek stapelweise nach Hause trug. Zu jedem gelesenen Buch legte ich eine Karteikarte mit Zitaten, Einschätzungen und Beurteilungen an.

Auf dem Rückweg von der Schule blickte ich hinauf zum Rödel und beeilte mich heimzukommen, um den ganzen Nachmittag dort oben herumstreifen zu können.

Langsam, Schritt für Schritt, wandere ich auf dem Hohlweg nach oben. Das letzte Mal bin ich hier vor 54 Jahren gegangen, ein unfassbar langer Zeitraum. Ein seltsames Gefühl befällt mich. Und dann geschieht, worauf ich gewartet habe: Die Zeit läuft rückwärts und ich bin wieder das ernsthafte, kleine Mädchen, das sich als Naturforscherin fühlt, mit seinem Mut und seiner Willenskraft die ganze Welt erobern will. Die Natur auf dem Rödel bot mir reichlich Gelegenheit, mich darauf vorzubereiten. Hier fand ich seltene Pflanzen, die niemand in meiner Umgebung kannte. Unermüdlich setzte ich alles daran, ihre Namen zu erfahren. Bestimmungsbücher gab es nicht, in Vaters Lexikon fand ich jedoch Abbildungen und bei den Großeltern ein bebildertes Buch über

Oben: Bei meinem Besuch in der alten Heimat Freyburg flatterten Schmetterlinge, wie dieser Bläuling, über die blütenreichen Wiesen auf dem Rödel, heute ein Naturschutzgebiet. Auch seltene Pflanzen entdeckte ich dort.

Unten: Die Koniks auf dem Rödel grasen hier erst seit wenigen Jahren. Die robusten, wildpferdähnlichen Tiere stammen aus Osteuropa.

Heilpflanzen. So erweiterte ich allmählich meine Kenntnisse, fühlte mich wie eine Forscherin, die unbekannte Pflanzen auf einem unbekannten Kontinent entdeckt. Spannend waren auch die Raupen, die ich sammelte und fütterte, bis sie sich verpuppten, denn ich wollte wissen, welcher Schmetterling schlüpfen würde.

Refugium der Kinderzeit

Während ich den Hohlweg hinaufgehe, der von Zweigen wie ein Tunnel überwölbt wird, weiß ich wieder, wo ich dem Eichhörnchen zusah und dabei davon träumte, wie ich als Erwachsene Orang-Utans im Dschungel beobachten würde. Ich hatte gelernt, mich so leise zu bewegen, dass ich mich an Tiere heranschleichen konnte. Darüber hinaus wollte ich nicht von Menschen gesehen werden, denn der Rödel diente als Übungsplatz für die sowjetischen Truppen. Begegnet bin ich nie jemanden.

Der dunkle Hohlweg mündete auf einem sonnigen Hügel, dort wuchsen wegen des milden Klimas und des kalkreichen Bodens Alpenpflanzen wie Enzian und Arnika. Hinter diesem Sonnenfleck begann der Wald. Nie wurde ich müde, in ihm herumzusteifen, immer wieder entdeckte ich Neues. Vom Wald gelangte ich auf eine trockene Hochfläche mit Heckenrosen, an deren Stacheln Rotrückenwürger und weiß-schwarze Raubwürger ihre Beute festhakten. Auf diesem Ödland beobachtete ich abends Steinkäuze bei ihrer Jagd auf Mäuse und einmal sah ich, wie ein Diptam plötzlich Feuer fing und an seiner Blütenrispe eine Stichflamme entlangraste. Wie der brennende Dornbusch entzündete sich die meterhohe Pflanze, deren ätherische Öle in der Sonnenhitze entflammt worden waren, vor meinen Augen. In einem stillgelegten Steinbruch, in dem früher Muschelkalk abgebaut worden war, stieg ich hinab, um nach Versteinerungen für meine Sammlung zu suchen. Auf dem Dachboden in einer Kammer bewahrte ich vielerlei Fundstücke auf, die ich sortierte und beschriftete wie in einem Museum.

Der Wald ist noch vorhanden, die Buchen, deren Stämme ich damals nicht umfassen konnte, stehen allerdings nicht mehr. Sie müssen, bald nachdem wir weggezogen waren, gefällt worden sein. Der heutige Wald ist vielleicht 50 Jahre alt und kein reiner Buchenwald mehr, allerlei Gesträuch wächst durcheinander. Den Steinbruch gibt es noch und auch die Ödlandfläche. Wo früher ab und zu Schafe weideten, um das Land frei von Verbuschung zu halten, grasen heute Koniks, die zu einer osteuropäischen Pferderasse gehören. Sie sind zwar keine echten Wildpferde wie die Przewalski-Pferde der Mongolei, aber robust und Wildpferden ähnlich.

Vergangenes und Gegenwärtiges überlagert sich. Wie ein Zauberer Geister beschwört, rufe ich mir Erinnerungen ins Gedächtnis. Ich nehme die Bilder aus meiner Kindheit zusammen mit den Bildern, die ich nun, 50 Jahre später, sehe, in mich auf. Dabei wird mir einmal mehr deutlich, dass Heimat kein Ort, sondern ein Gefühl ist. Als ich als Vierzehnjährige mit meinen Eltern in die Heimatstadt meiner Mutter, Bischofswerda, zog, wo ihre Eltern lebten, war mir das recht, denn ich nahm Freyburg in meiner Erinnerung mit, als hätte ich es nie verlassen. Aber gleichzeitig fühlte ich mich nun frei, um zu neuen Ufern aufzubrechen, meinen Weg hinaus in die Welt zu beginnen. Der Weg war noch weit und dauerte Jahre.

Nach der Schulzeit studierte ich fünf Jahre Biologie in Greifswald und Leipzig. Erst nach meinem Fluchtversuch, der mit zwei Jahren Gefängnis »belohnt« wurde, und der folgenden Ausweisung in die Bundesrepublik, konnte ich ein Leben beginnen, wie ich es immer gewollt hatte. Mein »Basislager« fand ich in Bayern am Ammersee. Von dort aus ziehe ich bis heute hinaus in die Welt und verwirkliche den Traum meiner Jugend: von Feuerland bis Kamtschatka, vom Nordpol bis zum Südpol, mit beiden Armen will ich die Erde umfassen.

Die Berberfrau trägt im Gesicht Tätowierungen, die anzeigen, zu welchem Stamm sie gehört.

Geduld gehört in Marokko unabdingbar zum Leben. Während man oft stundenlang wartet, wird ein Glas heißen und süßen Schwarz- oder Minztees nach dem anderen getrunken.

FORSCHERDRANG

Galapagos und Mongolei

Diesen Verwandten der Meerechsen, den Landleguan, gibt es nur auf den Galapagosinseln. Seine Lieblingsnahrung sind die saftigen Früchte der Opuntienkakteen.

ROBINSONLEBEN AUF GALAPAGOS

Unter mir nichts als Meer, seit über zwei Stunden schon. Eine stahlblaue, bewegte Fläche. Die Wellen sehen sanft, ja zärtlich aus, dabei müssen sie in Wahrheit gewaltig sein. Unsere Flughöhe von vielen 100 Metern lässt die Bewegungen im Meer unscheinbar und harmlos erscheinen.

Bald müssten die Galapagosinseln auftauchen, die etwa 1000 Kilometer von der südamerikanischen Küste entfernt im Pazifik liegen. Seit dem Start schaue ich aus dem Flugzeugfenster, kann meine Augen nicht abwenden, will nicht den ersten Hinweis auf die Inseln verpassen.

Wolkenbällchen schmücken den Himmel, der das Meer überspannt, das sich bis zum Horizont dehnt. Die duftigen Wolkengebilde erscheinen mir wie Versprechungen auf eine verheißungsvolle Zukunft. Wie ein Symbol für die Erfüllung meiner Wünsche. Eine Belohnung dafür, dass ich nie aufgab, meine Träume zu verwirklichen. Als Zwölfjährige sah ich einmal einen Film über Galapagos. Damals wusste ich nicht, dass die Dokumentation von Heinz Sielmann eine westdeutsche Produktion war. Da sie harmlos wirkte, weil ausschließlich Tiere gezeigt wurden, passierte sie die Zensur. Die damaligen Machthaber in der DDR ahnten jedoch nicht, welche Sehnsüchte sie in mir wecken würde. Wegen Galapagos habe ich Biologie studiert, obwohl zu jener Zeit nicht die geringste Chance bestand, jemals als Wissenschaftlerin dort forschen zu dürfen. Wenn man aber wirklich etwas von ganzem Herzen will, dann schafft man es auch. Nur darf man nicht erwarten, dass sich die Wünsche von selbst erfüllen, sondern man muss sich mit aller Kraft dafür einsetzen und alles wagen, selbst das eigene Leben.

Als ich jetzt an den Spruch denke, den mir meine finnische Freundin Helena in das Tagebuch schrieb, das sie mir für meine Notizen geschenkt hat, muss ich lächeln. Sie hat ihn für mich übersetzt: »Vorwärts, Carmen, obwohl deine Ohren glatt werden und dein Herz wie eine Blechdose klappern wird, nur immer mutig voran!«

Mein Herz klappert jedoch nicht, sondern schlägt dröhnend wie eine Sturmglocke. Unten im Meer ist eine braunschwarze Insel aufgetaucht – das muss GALAPAGOS sein! Ich drücke meine Nase ans Fensterglas, will so viele Details wie möglich wahrnehmen. Bevor ich mir einen Überblick von den weiteren Inseln des Archipels verschaffen kann, senkt der Pilot die Maschine. Rasend schnell kommt die Landebahn näher und füllt das Sichtfeld vollkommen aus. Wie lange habe ich auf diesen Moment gewartet, ihn sehnsüchtig herbeigefiebert. Nun geht es mir zu schnell, um zu begreifen, dass ein Traum Wirklichkeit geworden ist. Gleich werde ich den ersten Schritt auf »meinem« Galapagos machen.

Die kleine Maschine ist auf der Insel Baltra auf einem der zwei Flughäfen des Archipels gelandet. Er wurde von den USA im Zweiten Weltkrieg zum Schutz des Panama-Kanals angelegt. Baltra ist öde, wüst und leer. Wer auf diesem Landsplitter ankommt, sieht nichts von der Schönheit der Galapagosinseln. Der Flughafen sowie die Militäranlagen und der Stützpunkt der ecuadorianischen Streitkräfte haben Baltras Natur weitgehend zerstört. Deshalb gehört die Insel auch nicht zum Nationalpark und steht nicht unter seinem Schutz.

Enttäuschender Empfang

Der trostlose Anblick kann meine Hochstimmung nicht drücken, meine fiebrige Erregung nicht senken. Auf die wie tot und ausgebrannt wirkende Insel war ich durch das Buch und die Beschreibung des Verhaltensforschers Irenäus Eibl-Eibesfeldt vorbereitet, der mir am Max-Planck-Institut für Verhaltensphysiologie in Seewiesen gute Ratschläge für Galapagos mitgab. Der Wissenschaftler war mit verantwortlich, dass die Charles-Darwin-Forschungsstation gegründet und die Inseln unter Schutz gestellt wurden.

Lastwagen bringen die anderen Fluggäste und mich samt unserem Gepäck zur Küste, wo wir eine Fähre über den kaum ein Kilometer breiten Wasserstreifen nach Santa Cruz nehmen. An der Küste der Insel, die vor allem von ecuadorianischen Einwanderern besiedelt ist, liegt die Ortschaft Puerto Ayora. Zudem befinden sich hier der Nationalpark, der von Ecuador verwaltet wird, und die internationale Charles-Darwin-Forschungsstation, die unter anderem die wissenschaftlichen Forschungen koordiniert. Sie ist meine Anlaufstation und dort soll ich jede mögliche Hilfe und Unterstützung für meine Arbeit erhalten, war mir versichert worden.

Jedoch – meine Ankunft ist ein Desaster. Obwohl ich angemeldet bin und mein Projekt von der Station genehmigt wurde, hat keiner mit mir gerechnet. Niemand heißt mich willkommen. Der bisherige Direktor der Station packt seine Sachen. Er wuselt herum, verbreitet Hektik, hat keine

Oben: Zauberhafte Meeresbuchten auf Isabela, der größten Galapagosinsel, die nur von Wissenschaftlern besucht werden können.

Unten: Die drachenähnlichen Meerechsen sind harmlos und kennen keine Furcht vor dem Menschen.

Minute Zeit mich einzuführen, verweist mich an seinen Nachfolger: »Fragen Sie ihn, wie es hier läuft, ich bin schon nicht mehr da.«

Ein neuer Leiter der Station ist jedoch nicht vorhanden und wird es auch so bald nicht sein: Seine Ankunft verzögert sich um ein Jahr. Pech für mich, so muss ich ohne Unterstützung zurechtkommen und mir selbst helfen. Zunächst wende ich mich an die anderen Wissenschaftler, von denen die meisten US-Amerikaner sind. Die aber haben ihre eigenen Projekte, sind nur wenige Tage in der Station, um den Trip in ihr Untersuchungsgebiet zu planen oder die Heimreise anzutreten. Mit meinen Fragen störe ich sie nur. Die Angestellten und Mitarbeiter der Station sind Ecuadorianer, ihnen kann ich mich nur auf Spanisch verständlich machen. Zwar hatte ich vor meiner Abreise einen Spanischkurs belegt, der mir jedoch überhaupt nicht zu nützen scheint. Ihr Spanisch klingt völlig anders als das Spanisch, das wir im Unterricht gelernt haben.

Die vakante Direktorenstelle wird von Fausto, dem ecuadorianischen Leiter des Nationalparks, als Gelegenheit genutzt, um sich zu profilieren. Er behauptet, von der Charles-Darwin-Forschungsstation keine Unterlagen erhalten zu haben. Diese müssten an die Zentrale in der Hauptstadt Quito geschickt und geprüft werden. Das aber könne dauern. Er rate mir, erst einmal wieder heimzufliegen.

Hindernisse sind zum Überwinden da

Ich bin entsetzt. Die Meerechsen werden in den nächsten Tagen schlüpfen und ich muss mit meiner Forschungsarbeit beginnen. Es ist wichtig, einen vollen Fortpflanzungszyklus zu untersuchen. Sobald die Tiere aus den Eiern kriechen, werde ich sie ein Jahr lang jeden Monat zählen, wiegen und ihre Körperlänge messen. Auf diese Weise stelle ich fest, wie viele der Meerechsen überleben, wann ihre Sterblichkeit am höchsten ist und wie schnell sie wachsen. Mein einjähriger Aufenthalt dient dazu, grundlegende Informationen für zukünftige Forschungen zu sammeln, die Populationsschwankungen der Meerechsen und deren Abhängigkeit von Nahrungsangebot, Klima, Gezeiten, Feinddruck und sonstigen Umweltveränderungen zu ermitteln. Auf Basis dieser Ergebnisse können Biologen Schutzprogramme aufstellen und besser begründen. Bin ich jedoch nicht rechtzeitig in meinem Untersuchungsgebiet, fehlen mir gleich am Anfang wichtige Daten.

Ich will mein Forschungscamp auf Caamaño aufschlagen, weil dort besonders viele Meerechsen leben. Die winzige unbewohnte Insel liegt nur fünf Kilometer südlich von Santa Cruz entfernt. Doch ich bin zur Untätigkeit verdammt, weil der Nationalparkleiter mir verbietet, nach Caamaño überzusetzen. Er spricht spanisch mit mir, und wie mir scheint, extra schnell, obwohl ich ihm gesagt habe, dass ich die Sprache noch nicht gut beherrsche. Dennoch erfasste ich intuitiv den Inhalt seiner Rede: »Galapagos gehört zum ecuadorianischen Territorium, hier bestimmen wir!«

Meine Hochstimmung ist verflogen. Auf dem Gelände der Forschungsstation wird mir ein düsteres stickiges Zimmer in einer Baracke zugewiesen, das von Moskitos bevölkert ist. Die Sonne knallt hier am Äquator tagtäglich zwölf Stunden lang auf das Blechdach und erhitzt die Luft im Raum wie in einem Backofen. Ihr grelles Licht deprimiert mich und verstärkt

Gravitätisch schreitet der Nachtreiher über die Lavasteine an der Küste meiner Insel Caamaño. Mit seinen scharfen Augen kann er auch bei Dunkelheit seine Beute erkennen.

meine trübe Stimmung. Selten habe ich mich bisher in meinem Leben so einsam gefühlt und so isoliert, weil niemand meine Sprache spricht.

Die Neugier plagt mich, ich will endlich meine Insel erforschen. Meine Ungeduld wächst von Tag zu Tag. Tatenlos abzuwarten ist für mich eine Qual. Nach kurzer Zeit aber erwacht mein Widerstandsgeist. Schwierigkeiten haben mich schon immer herausgefordert. Sie sind dazu da, um überwunden zu werden. Mein Forschungsprojekt darf nicht scheitern. Und was soll schon passieren, wenn ich mit meiner Arbeit beginne, bevor der unfreundliche Nationalparkleiter mir die Erlaubnis dazu erteilt? Selbst wenn er mich zwingt, Caamaño wieder zu verlassen, kann ich bis dahin die Zeit nutzen und die geschlüpften Meerechsen markieren, wiegen und messen.

Wie aber gelange ich über das Meer hinüber nach Caamaño? Die Begegnung mit Karl Angermeyer bringt mir die Lösung meines Problems. Karl ist einer von drei Brüdern, die 1935 Deutschland verlassen haben und seitdem als Aussteiger auf Galapagos leben. Er ist mit den Mitarbeitern der Station befreundet und lädt uns zu einer Feier in seine Lavahöhle ein, die er sich wohnlich eingerichtet hat. Als er erfährt, dass ich Deutsche bin und seine Lieblingstiere, die Meerechsen, erforschen will, steht er mir mit Rat und Tat zur Seite. Am nächsten Tag macht er mich mit dem Fischer Don Ramos bekannt und übersetzt mein Anliegen ins Spanische. Don Ramos ist einverstanden, mich nach Caamaño überzusetzen. Wir vereinbaren einen Preis für die Überfahrt, und er bietet mir an, Lebensmittel aus dem Zentrallager zu besorgen. Das mache er immer für die Angehörigen der Forschungsstation, denn es gäbe keinen Lebensmittelladen, nur kleine Verkaufsstände, an denen die Waren ziemlich teuer seien. Mit Hilfe meines Spanisch-Wörterbuchs erstelle ich eine Liste mit geeigneten Produkten wie Bohnen, Reis, Mehl und anderen länger haltbaren Lebensmitteln. Diese und die Überfahrt bezahle ich aus eigener Tasche, denn mein Auftraggeber, das Max-Planck-Institut, übernimmt nur die Gebühr, die für meine Forschungsgenehmigung an die Station gezahlt werden muss.

»Du musst dich unbedingt vor der Äquatorsonne schützen«, schärft mir Karl noch ein und rät mir: »Lass dir in der Werkstatt der Station vier rund drei Meter lange Holzpfosten zuschneiden. Zwischen die spannst du dann ein etwa vier Mal vier Meter großes Segeltuch.«

Endlich: Eine Woche nachdem ich auf Galapagos gelandet bin, steht die Abfahrt nach Caamaño bevor. Eine Woche ist eigentlich keine allzu lange Zeit, um einen einjährigen Aufenthalt auf einer Insel vorzubereiten, doch mir kommt sie ungleich länger vor. Zum einen, weil die unterschiedlichsten Eindrücke auf mich einstürzen, zum anderen, weil meine Geduld strapaziert wird. Alle Besorgungen erweisen sich als schwierig und dauern länger als erwartet. Schließlich habe ich alles beisammen, auch den Kocher und die Gasflasche, denn auf Galapagos ist offenes Feuer nicht erlaubt.

Don Ramos hat seinen Neffen Felipe mitgebracht. Zu dritt verladen wir meine Ausrüstung auf das Boot, einen Holzkahn mit Außenbordmotor. Dann geht es los.

Von Santa Cruz' Küste aus kann man Caamaño mit bloßem Auge gerade noch als flachen Fleck im Meer erkennen. Aufgeregt hocke ich im Boot. Tiefblau leuchtet das Wasser zwischen den Felsklippen, gemächlich tuckert das Motorboot durch die Wellen. Allmählich nähern wir uns dem Ziel. Mein Herz klopft heftig. Es stört mich nicht, dass Caamaño so unscheinbar wirkt. Schon aus der Ferne verliebe ich mich in das winzige Eiland, das für die nächste Zeit mein Domizil sein wird. Dass ich dazu noch gar nicht die erforderliche Erlaubnis habe, schiebe ich beiseite, bin voller Tatendrang. Ein Jahr lang werde ich ein Robinsonleben führen, allerdings im Gegensatz zu Robinson Crusoe ohne Freitag, der mir Gesellschaft leistet. Vor der Einsamkeit fürchte ich mich nicht, tatsächlich freue ich mich darauf, mich ungestört meinen Forschungen widmen zu können.

Ankunft auf »meiner« Insel

Als wir näherkommen, sehe ich die gefährliche Brandung, die sich heftig an Caamaños schwarzer Lavaküste bricht und die Insel mit einem Gürtel aus weißer Gischt umgibt. Das Boot können wir hier unmöglich an Land steuern. Es würde von den gewaltigen Wellen zerschmettert werden. Wir umrunden die Insel, doch nirgendwo öffnet sich ein Durchschlupf.

Oben: Wild ist die Brandung um »meine« von schroffen Felsen umgebenen Insel.

Unten: Die heimlichen Herrscher der Insel waren die Roten Klippenkrabben, die in ungeheuer großer Zahl die Küste bevölkerten und im Unterschied zu allen anderen Krabbenarten nicht nur zur Fortpflanzungszeit, sondern das ganze Jahr über rot gefärbt sind.

Schließlich entdecken wir einen Lavastein, dessen Oberfläche das Meer glatt geschliffen hat. Don Ramos fährt ihn so dicht wie möglich an. Ich stehe an der Bootsspitze. Hinter mir höre ich den Ruf: »Salta, salta!«

Der Moment ist verpasst. Schon wird das Boot vom Sog zurückgezogen. Wieder steuert Don Ramos das Boot zum Stein. Ich war noch nie gut im Weitsprung. Wie ein Sprinter im Startloch stehe ich am Bug, spanne meine Muskeln an. Doch die Angst lähmt mich. Ich schätze die Entfernung auf etwa drei Meter. Ohne Anlauf aus dem Stand so weit zu springen, das schaffe ich nicht, nie und nimmer, selbst nicht mit größter Willensanstrengung. Wenn ich den Stein verfehle, gerate ich in den Mahlstrom der Brandung, werde gegen die Felsen geschmettert, verliere womöglich das Bewusstsein und ertrinke. Was tun? Wenn ich auf meine Insel will, muss ich springen. Wir warten eine besonders hohe Welle ab, deren Kamm so über dem Stein aufragt, dass ich von schräg oben hinunterspringen kann. Ich fühle, wie meine Fußsohlen auf festen Stein treffen, falle nach vorn und lande auf allen Vieren, den Schwung mit den Händen abfangend. Seepocken, die auf dem Stein siedeln, zerreißen meine Haut. Geschafft! Meine Hände bluten und die Knie habe ich mir auch aufgeschrammt. Doch ich achte nicht weiter darauf. Nun muss auch mein Gepäck an Land gebracht werden. Während Don Ramos das Boot in der Brandung steuert, bindet Felipe meine Ausrüstung an ein Seil und wirft mir das andere Ende zu. Stück für Stück ziehe ich einen Wasserkanister nach dem anderen, die Lebensmittelkisten, mein Zelt, den Kocher, die Gasflasche und meine Alu-Kiste zu mir herüber.

Schließlich tuckert das Boot davon, und ich bin glücklich. Ich habe das Gefühl, ein unbekanntes Stück Erde zu entdecken. Kaum jemand wird vor mir auf dem Eiland gewesen sein, weil es durch den Brandungsgürtel geschützt ist. Ein goldgelber Sandstreifen wird von schwarzer Lava eingerahmt. Auf den Felsen und auf dem Strand liegen dicht an dicht Seelöwen. Im Inneren ist die Insel schulterhoch mit stacheligen Büschen bewachsen, aus denen ein einzelner knorriger Baumkaktus mit drei säulenartigen Stämmen und quittegelben Blüten herausragt. Zum Glück für mich haben die Seelöwen ein begehbares Wegenetz durch die Vegetation gebahnt. In der Mitte der schüsselartig eingesenkten Insel erfreut mich der Anblick eines grasgrünen Teichs mit sandigem Ufer.

Noch bevor ich mein Lager einrichte, prüfe ich, ob schon Meerechsen geschlüpft sind. Die Weibchen legen maximal zwei Eier am Ende eines etwa einen Meter langen Ganges, den sie in sandigen Boden graben und nach der Eiablage zuschütten. Das Ausbrüten überlassen sie der Sonnenwärme. Die Schlüpflinge müssen sich nicht nur von den Eischalen befreien, sondern sich auch durch den inzwischen wieder verhärteten Boden wühlen und allein den Weg zur Küste finden. Niemand hilft ihnen beim Start ins Leben.

Es dauert einige Stunden, bis ich die etwa zwei Quadratkilometer große Insel abgesucht und drei junge Meerechsen entdeckt habe. Ich bin noch rechtzeitig angekommen, der Schlupf hat gerade erst begonnen. Die kleinen Echsen sind etwa so groß wie unsere heimischen Zauneidechsen und haben ein tiefschwarzes Schuppenkleid. Erwachsene Meerechsen sind dagegen dunkelgrau, die Männchen werden anderthalb Meter, die Weibchen fast einen Meter lang.

Langsam, Schritt für Schritt, schleiche ich mich an eine der Jungechsen an, mein Arm schnellt vor und schon halte ich das Tier in der Hand. Die Technik habe ich bereits als Kind erworben, als ich für mein Terrarium die verschiedenen Eidechsenarten fing, was äußerst schwierig war. Sobald mich die braunen Waldeidechsen, die größeren Zaun- und die Smaragdeidechsen bemerkten, flüchteten sie blitzschnell. Dagegen lassen sich die jungen Meerechsen und auch die Erwachsenen leicht fangen. Wie alle Tiere auf Galapagos kennen sie keine Gefahr, weil auf den Inseln Raubtiere fehlen.

Ich wiege die frisch geschlüpften Tiere, dazu habe ich von Deutschland Federwaagen verschiedener Gewichtsklassen mitgebracht. Mit einem Bandmaß messe ich Schwanz- und Körperlänge, und damit ich sie individuell unterscheiden kann, male ich eine Zahl auf ihren Körper. Die weiße Farbe hat mir Don Ramos noch kurz vor unserer Abfahrt besorgt.

Dann muss ich mich sputen, um bis zur Dunkelheit mein Lager einzurichten. Am Ufer des kleinen Teiches baue ich das Zelt auf, in dem ich ein Jahr lang leben werde, und stelle das

Die Meerechsen sind wie alle Reptilien wechselwarm, das heißt ihre Körpertemperatur wird von der Umgebung bestimmt. Bevor sie in den Ozean springen, der durch den aus der Antarktis stammenden Humboldtstrom sehr kalt ist, lassen sie sich von der Sonne aufheizen.

Einer der sechs Vulkane auf der Galapagosinsel Isabela ist der noch aktive Vulkan »Sierra Negra«. Aus seinem Krater steigen Fumarolen, die giftigen Dämpfe bilden Schwefelablagerungen, die mit ihrem Gelb zu den pechschwarzen Lavafelsen einen surrealistischen Eindruck vermitteln.

Oben: Mein Domizil auf der Insel Caamaño, ein Leben in der Natur und mit den Tieren, wie ich es mir erträumt hatte.

Unten: Junge Meerechsen, die ich mit Farbe markiert habe, um sie beim monatlichen Wiegen und Messen unterscheiden zu können.

Schattendach auf. Meine Alu-Kiste dient als Sitzplatz, eine am Strand angeschwemmte Holzplatte, die ich über zwei Wasserkanister lege, als Tisch.

Am Abend robben Seelöwen, die tagsüber im Meer schwammen oder am Strand lagen, zum Teich und lagern an seinem Rand. Meine Anwesenheit scheint sie nicht zu stören. Der kleine See ist kaum einen Meter tief, zum Schwimmen zu flach und schmeckt salzig. Woher bezieht er sein Wasser, frage ich mich, vielleicht vom Meer, wenn es bei hoher Springflut über die Lavaküste ins Inselinnere dringt? Später werde ich feststellen, dass er im Lauf der Monate austrocknet und sich erst wieder zur Regenzeit füllt, die auf Galapagos *garua* genannt wird.

Leben mit den Meerechsen

In den nächsten Tagen wird es auf meiner kleinen Insel lebendig, an allen Ecken und Enden kriechen junge Meerechsen hervor. Wo immer ich hinschaue, bewegen sich Sandkörner und schon erscheint ein schwarzes Echsenköpfchen. Für mich ein großartiges Erlebnis, ich bin glücklich, bei dieser Geburt neuen Lebens dabei sein zu können.

Ein Echslein nach dem anderen marschiert zur Küste, ohne sich erst lange zu besinnen. Woher wissen sie, wo es langgeht? Riechen sie das Meer, hören sie die Brandung? Ich überlege, mit welchen Experimenten ich das herausfinden könnte, doch vorerst genügen mir Beobachtungen. Offensichtlich können die frisch geschlüpften Echsen ihre Algennahrung noch nicht im Meer fressen, weil sie zu schnell auskühlen würden. Sie warten, bis die Ebbe den Algenrasen in Küstennähe freilegt. Darüber hinaus ernähren sie sich vom Kot der Erwachsenen und nehmen auf diese Weise zugleich die zur Verdauung der Algennahrung notwendigen Bakterien auf. Die Schlüpflinge bleiben unter sich und bilden eigene Kinderkolonien. Sie müssen also ihre Altersgruppe erkennen können, für Reptilien eine respektable Denkleistung.

Als ich einige Tage später gerade dem 480. Schlüpfling sorgfältig die entsprechende Zahl auf seinen kleinen Körper male, nähert sich ein Boot. Ich habe mich bereits so an mein Alleinsein gewöhnt, dass ich unangenehm berührt bin. Schon will ich mich ins Innere der Insel zurückziehen, da erkenne ich Don Ramos, der mir zuruft, er bringe mir Bananen. Er hat eine Staude dabei, mit reifen und noch grünen Früchten, Avocados und Wasserkanister, die ich auf bewährte Weise mit dem Seil an Land ziehe. Es habe Probleme mit dem Nationalpark gegeben, *grandes problemas*, doch seinem Lächeln entnehme ich, dass ich auf meiner Insel bleiben darf.

Jeden Morgen verlasse ich beim ersten Lichtschimmer das Zelt. Von einem hohen Lavablock aus beobachte ich die Meerechsenkolonie, um den Tagesablauf der Tiere kennenzulernen und zu erfahren, wie er von Ebbe und Flut beeinflusst wird. Wie alle Reptilien sind Meerechsen wechselwarm, deshalb liegen sie gern in der Sonne und wärmen sich auf. Während der Nacht suchen sie Zuflucht in den Höhlungen der Lavaküste, um sich vor kalten Winden zu schützen.

Meerechsen gibt es nur auf Galapagos, ihre Vorfahren lebten jedoch in den Urwäldern Südamerikas. Bisweilen wurden einige dieser Leguane bei starken Regenfällen auf Pflanzeninseln bis ins Meer gespült, und ein Teil dieser Tiere überlebte die monatelange Triftreise zu den 1000 Kilometer

»Als ich Biologie studierte, waren für mich als DDR-Bürgerin die Galapagosinseln unerreichbar wie der Mond. Doch wenn man sich mit heißem Herzen etwas wünscht und sich durch Hindernisse nicht aufhalten lässt, dann erfüllt sich sogar das Unmögliche.«

entfernten vulkanischen Galapagosinseln. Dort landeten sie in einem unwirtlichen Lebensraum, an den sie nicht angepasst waren. Manche schafften es jedoch, ihre Lebensweise zu verändern und sich an andere Nahrung zu gewöhnen. Statt saftiger Urwaldpflanzen gab es an der kahlen Lavaküste nur die Algen im Meer, mit denen sie ihren Hunger stillen konnten. Heute sind die Meerechsen die einzige Echsenart, die in der Gezeitenzone lebt und sogar unter Wasser die Algen abweidet.

Der Sonnenaufgang verwöhnt mich mit einem gigantischen Farbenspektakel, das in nur wenigen Minuten verglüht. Es ist still. Die Seelöwen, die mir wie jede Nacht ein Konzert aus unterschiedlichsten Grunz- und Blöklauten geboten haben, sind auf Fischjagd im Meer. Es ist nichts zu hören, außer den stetig anrollenden Wellen. Meine Insel ist so klein, dass ich das Rauschen der Brandung an jedem Ort, selbst an dem Teich in der Mitte, vernehme.

Lautlos kriecht die erste Meerechse aus einem Spalt hervor, legt sich auf die Steine und bietet ihren Körper der Sonne dar. Nach und nach erscheint die ganze Kolonie. Die Tiere sehen bizarr aus, wie aus erstarrter Lava geformt, wie sie regungslos verharren – und warten! Sie warten, bis sie warm genug sind, um sich in das Meer zu stürzen, das hier am Äquator durch den Humboldtstrom aus der Antarktis relativ kühl ist.

Auf Caamaño verläuft mein Leben im Gleichmaß. Ebbe und Flut wechseln sich ab, so wie jeder Nacht ein neuer Tag folgt. Ich füge mich ein in diesen Kreislauf der Natur, lerne zu begreifen, wie einfach und friedlich Leben sein kann. Mein Dasein ist auf seine Art zeitlos, ohne Hast und Termindruck.

Im Rhythmus der Natur

Als die Flut steigt, kehren die Echsen von ihrem Tauchgang zurück. Kräftig schlagen sie mit ihren Ruderschwänzen durch die Wellen, doch der Brandungssog zieht sie immer wieder hinaus ins Meer. Mit letzter Kraft erreichen auch Nachzügler die Küste, lassen sich erschöpft auf die Steine fallen.

Einsam fühle ich mich dank der zahlreichen Tiere nicht. Erstaunlich viele verschiedene Arten leben auf dem winzigen Eiland. Am auffälligsten sind die verspielten Seelöwen, die feuerroten Klippenkrabben und die Meerechsen. Ein Lavamöwenpaar hat ihr Nest am Teichrand gebaut, Nachtreiher schreiten zur Dämmerung gravitätisch am Meeressaum entlang, Darwinfinken und Goldwaldsänger trinken Wasser aus einer Tasse, die ich auf dem Tisch für sie bereitgestellt habe. Blaufußtölpel, Braune Pelikane und Graureiher landen gelegentlich zwischen ihren Fischzügen, um sich auszuruhen.

Trotz ihrer vielfältigen Tierwelt könnte ich jedoch nicht wie Robinson Crusoe autark auf meiner Insel überleben. Auf Caamaño wachsen keine essbaren Pflanzen, und selbst wenn ich mich von Fischen, Krabben, Meerechsen und Seelöwen ernähren würde, müsste ich doch sterben, weil es kein Süßwasser gibt.

Abends schaue ich dem Sonnenuntergang zu. Der kornblumenblaue Himmel färbt sich rosa, glüht bald in Rot, changiert dann von Orange zu Violett. Seelöwen vergnügen sich im letzten Lichtschimmer mit Bauchsurfen. Sie reiten auf dem Kamm einer Welle heran, lassen sich zum Strand tragen, schwimmen zurück, warten auf den nächsten Brecher, um das Spiel von Neuem zu beginnen. Bevor die Sterne erscheinen, lassen sich Tölpel pfeilgerade ins Meer fallen, um noch einen letzten Fisch zu ergattern, und die großäugigen Nachtreiher machen sich bereit zur Jagd auf Krabben und andere Meerestiere. Zeitlupenlangsam schreiten sie über die schwarzen Steine, unter denen die Meerechsen so lange ruhen, bis die Sonne wieder lichtspendend und wärmend am Himmel erscheint.

Die Vorstellung, im Anschluss an mein Forschungsjahr nach Deutschland zurückkehren zu müssen, bedrückt mich. Der Wunsch, einfach zu bleiben, wächst, je näher das Ende rückt. Ich befürchte, nie wieder so glücklich sein zu können wie hier auf Galapagos. Jedoch ein Aussteigerleben wie die Angermeyer-Brüder würde ich nicht führen wollen. Zwar bewundere ich deren Pioniergeist, ihren Wagemut, sich unter schwierigen Bedingungen eine Existenz aufzubauen, doch ich benötige eine Aufgabe, die mich erfüllt, so wie dieser Forschungsauftrag. Und darüber hinaus bin ich viel zu neugierig, um für immer auf einer Insel leben zu wollen. Mich interessiert die ganze Erde.

Oben: Beim Tauchen habe ich einen Klippenbarsch erwischt, eine eiweißreiche Ergänzung zur eintönigen Nahrung aus Reis und Nudeln. Der Braune Pelikan wartet darauf, dass ich ihm die Innereien zuwerfe.

Unten: Die Geburt dieses jungen Seelöwen durfte ich mit eigenen Augen beobachten.

Rechts: Einer der Besucher auf meiner Insel war ein junger Brauner Pelikan. Erst zwischen drei und fünf Jahren erlangen Pelikane die endgültige Farbgebung. Sie sind gute Schwimmer und elegante Flieger. Fische erbeuten sie im Sturzflug aus großer Höhe, wobei sie 20 Meter tief ins Wassser eintauchen.

BEI DEN WILDTIEREN DER MONGOLEI

Ich bin fassungslos – das hatte ich nicht erwartet, nicht erwarten können. Ich fühle mich wie mit einer Zeitmaschine zurück in die Vergangenheit katapultiert. Soll ich lachen oder weinen? Meine Gefühle sind ambivalent, schleudern mich von einem Extrem ins andere.

Doch von vorne. Schon seit einem halben Jahr bin ich in der Mongolei und lerne in der Hauptstadt Ulaanbaatar Mongolisch. Nun wollte ich mir eine Auszeit gönnen und zugleich mein Wissen über die mongolischen Wildpferde erweitern. Seit einer Woche halte ich mich deshalb im Nationalpark Hustai Nuruu rund 150 Kilometer südlich von Ulaanbaatar auf, dessen Aufgabe die Erforschung und Auswilderung der Przewalski-Wildpferde ist. Tag für Tag bin ich draußen und beobachte das Verhalten der Tiere.

Die Familie eines Rangers hat mich in ihrer Jurte aufgenommen. Die Ranger wachen über die Pferde, und ich darf sie auf ihren Kontrollgängen begleiten. Wir kommen gerade von einer morgendlichen Kontrolle zurück, als mich die Leiterin des Nationalparks anspricht: »Das wird Sie gewiss interessieren – Sie sind doch Biologin, da können Sie an der wissenschaftlichen Tagung teilnehmen, die gerade bei uns stattfindet.«

Natürlich möchte ich! Als ich den Konferenzraum betrete, ist noch niemand anwesend, so kann ich in Ruhe die Schautafeln betrachten. Neben Diagrammen, Tabellen und Sachtexten sind auch Fotos aufgehängt. Da durchfährt es mich wie ein Blitz – diese Menschen kenne ich. Es sind Wissenschaftler, die ich vor 31 Jahren an der Universität Halle kennengelernt habe. Damals hatte ich gerade mein Biologiestudium in Leipzig abgeschlossen und mich in Halle für ein Forschungsprojekt in der Mongolei beworben. Weil ich jedoch Verwandte in Westdeutschland hatte, genehmigte die Staatssicherheit mein Visum nicht.

Noch jetzt, nach Jahrzehnten, spüre ich die Verbitterung und Ohnmacht, die mir damals jede Lebensfreude raubte. Ich wollte ja nicht nur aus Neugier ins Ausland, sondern dort wissenschaftlich arbeiten. Die Expedition in die Mongolei war schon mein dritter Versuch gewesen. Meine Bewerbungen für Kuba und Sibirien waren bereits negativ beschieden worden. Nun wusste ich, dass sich in der DDR mein Lebenstraum niemals erfüllen würde. Ich war gefangen, saß fest in der Falle. Nie würde ich herauskommen, wenn ich mich nicht selbst befreien würde.

Aufgeregt warte ich auf die Teilnehmer. Auf der Liste habe ich auch den Namen jenes Mannes entdeckt, in den ich damals heimlich verliebt war. Der Saal füllt sich. Vergeblich halte ich Ausschau nach einem hochgewachsenen, sportlichen Typ mit schwarzer Haarmähne. Der Leiter der deutschen Delegation begrüßt die Versammelten. Es ist ein älterer, weißhaariger Herr. Mir fällt es wie Schuppen von den Augen. Das muss er sein – nur 30 Jahre älter. In der Pause wird der berühmte Professor und Experte für die Tierwelt der Mongolei von den Teilnehmern umlagert. Mir gelingt es, zu ihm vorzudringen und meinen Namen zu nennen. Sofort erinnert er sich.

»Wie auch nicht!«, sagt er, und man hört noch den Ärger in seiner Stimme. »Was war das für ein Theater! Wegen deiner Flucht wurden wir alle von der Stasi durchleuchtet, tagelang waren die bei uns in der Uni, haben überall herumgeschnüffelt. Immer wieder wurden wir befragt!«

Schon geht die Konferenz weiter. Die Wissenschaftler halten Vorträge und berichten von ihren Forschungsergebnissen. Es wird heftig diskutiert, und Erfahrungen werden ausgetauscht. Ja, diese Welt der Wissenschaft ist mir vertraut, sie hätte auch die meine sein können. Ich erfahre, dass sich an die Konferenz eine Expedition in die Wüste Gobi anschließt, um Kulane, Wildesel, zu beobachten. Sofort bin ich wie elektrisiert. Ich möchte unbedingt dabei sein, doch die Teilnehmer stehen seit Monaten fest und es ist angeblich kein Platz mehr frei. Deshalb starte ich einen Frontalangriff: »Professor, Sie können etwas gutmachen!«

Irritiert blickt er mich an. »Ich? Wieso? Weshalb?« »Vor 30 Jahren wurde ich nicht ins Mongolei-Team aufgenommen. Als kleine Entschädigung könnten Sie mich jetzt mit in die Gobi nehmen.« Weitschweifig erklärt er mir, warum es unmöglich sei. »Schauen Sie mich an, ich bin ja sehr klein. Da gibt es bestimmt noch einen halben Sitzplatz«, dränge ich. Er mustert mich amüsiert. »Na, du bist mir ja eine! Nee, halbe Plätze gibt es nicht. Allerdings ... vielleicht ... ich muss mal sehen, ob jemand abgesagt hat.«

Und so sitze ich am 14. August, einem Sonntag, in einem der fünf Landrover. Von den 70 Gästen der Konferenz nehmen nur 15 an der Expedition teil, da sind mehr als zwei halbe Plätze für mich frei.

Oben: Am Abend kehren die Hirten heim vom Hüten ihrer Herden.

Unten: Je mehr Pferde, umso angesehener ist der Besitzer. Die Pferde weiden frei in der Steppe. Wird ein Reitpferd benötigt, treibt man die gesamte Herde zur Wohnstätte und fängt das gewünschte Tier heraus.

Eisiger Wind faucht über die Steppe, keine Spur ist vom gepriesenen, ewig blauen mongolischen Himmel zu sehen. Die Ebene, durch die wir fahren, ist bis zum Horizont mit wilden Zwiebeln bewachsen, die weiß und rosa blühen. Durch diesen zarten Blütenteppich treibt ein Hirte seine dunkelbraune Pferdeherde. Ich würde den Anblick gern mit einem Foto festhalten. Doch als ungeladener Gast traue ich mich nicht, um einen Halt zu bitten.

Doch schon bald bin ich in die Gruppe integriert. Ich fühle mich in meine Greifswalder Studentenzeit zurückversetzt, als wir mit Ferngläsern behängt durch die Gegend streiften und nach jedem Vogel Ausschau hielten. Für mich ist es ein schönes Erlebnis, wieder mit Menschen zusammen zu sein, für die Tiere wichtig, vielleicht sogar der Mittelpunkt ihres Lebens sind. Beglückt genieße ich die Gemeinschaft dieser leidenschaftlichen Forscher. Keiner schaut verständnislos, wenn an einem Tierkadaver angehalten wird, um ihn zu untersuchen, zu vermessen und Proben einzusammeln. Keiner drängt zur Weiterfahrt, wenn gerätselt wird, ob ein Vogel ein Würgfalke oder eher ein Wanderfalke ist. Halt! Dort ist eine Ansammlung von Geiern! Selbstverständlich halten wir an, zücken die Ferngläser. Wie viele Geier? Welche Art? Aha, Mönchsgeier. Alles wird aufgeschrieben, jedes Detail notiert.

Wäre ich damals, vor 31 Jahren, in das Mongolei-Team aufgenommen worden, wäre ich heute auch eine Expertin für die Tierwelt der Mongolei, wäre wie der Professor und seine Mitarbeiter immer wieder in das Land gereist. Eine Weile hänge ich wehmütig dieser Vorstellung eines ganz anderen Lebens nach, bis mir klar wird, dass ich viel mehr gewonnen habe. Statt eine Wissenschaftlerin zu sein, die sich nur einem Thema widmet, bin ich frei, mir immer neue Ziele zu setzen. Mir steht die ganze Welt offen.

Längst hat sich die dicke Wolkenschicht aufgelöst. Je weiter wir nach Süden kommen, umso heißer wird es. Die Sonne brennt auf eine steinige, trockene Ebene ohne markante Geländepunkte herab. Die Wüste Gobi war einst der Grund des Tethys-Meeres. Als das Meer verschwand, blieb eine zwei Millionen Quadratkilometer große Senke zurück. Der überwiegende Teil der Fläche gehört zur Volksrepublik China. Der Anteil der Mongolei umfasst immerhin noch ein Territorium von der Größe Deutschlands, der Schweiz und Österreichs zusammen.

Klein, aber oho!

Am nächsten Tag verspricht uns der Professor: »Heute werden wir Wildesel sehen!« Doch zunächst finden wir nur tote Tiere, in der Sonne mumifizierte Kadaver und gebleichte Knochen. Von Wilderern angeschossen, gelang den Kulanen die Flucht, um dann leidvoll zu verenden. Bei einem Schädel ist der Unterkiefer von einer Schrotladung wie ein Sieb durchlöchert. Wie muss der Wildesel gelitten haben, bis er endlich vom Tod erlöst wurde. »Die Wilderer kommen meist aus China«, weiß ein Expeditionsteilnehmer.

Sorgfältig vermessen wir die Überreste: Länge des Körpers, Kopf, Beine, Schwanz, Hufe. Am Schädel und den Zähnen kann man besonders viel ablesen: Geschlecht, Alter, ob sich das Tier von Gräsern, Kräutern oder Blättern ernährt hat. Für die Forschung wertvolles Vergleichsmaterial, deshalb nehmen wir sie mit.

Mädchen erhalten die gleiche Schulbildung wie Jungen. Allerdings müssen die Kinder dafür in Internate und sind nur in den Ferien zu Hause.

Diese Frauen verbindet eine enge Freundschaft. In kommunistischer Zeit haben sie in einer Kolchose gearbeitet.

Oben: Mongolische Wildpferde haben nur in Zoologischen Gärten überlebt, nun sind sie wieder zurück in ihrer Heimat.

Unten: Der junge Takhi-Hengst, wie die Przewalski-Wildpferde in der Mongolei genannt werden, genießt seine Freiheit.

Für mich hält die Steppe noch eine andere Überraschung parat: Wüstenrennmäuse! Zuerst traue ich meinen Augen kaum – so viele sind es. Am Institut für Verhaltensforschung in Seewiesen hatte ich einen Raum für »meine« mongolischen Wüstenrennmäuse eingerichtet, die mit wissenschaftlichem Namen *Meriones unguiculatus* heißen. Der Boden des Mäusezimmers war mit Sand, Erde und Lehm gefüllt, damit sie Gänge graben und sich Höhlen bauen konnten. Unter Wurzeln, Steinen und halben Kokosnussschalen konnten sie sich verstecken. Durch ein Fenster beobachtete ich meine Tiere, ohne sie zu stören.

Zuerst lebte ein einziges Paar in dem großen Raum, das sich beim Schlafen aneinander kuschelte. Schon bald gebar das Weibchen fünf himbeerrote nackte blinde Babys. Als die Jungmäuse erwachsen waren, wunderte ich mich, dass die Töchter keinen eigenen Nachwuchs bekamen. Die jungen Mäuseweibchen werden, ähnlich wie die jungen Wölfinnen durch Geruchsstoffe, die man Pheromone nennt, in ihrer Fruchtbarkeit gehemmt, bis das alte Weibchen stirbt. Und noch spannender: Ich entdeckte, dass ein Weibchen, obwohl es sich gepaart hatte, durch den Geruch eines fremden Männchens daran gehindert wird, Junge zu bekommen. Also wie eine Pille durch die Nase.

Dieses rätselhafte Phänomen hat durchaus seinen Sinn. Normalerweise kommen Weibchen nicht in Kontakt mit fremden Mäusen. Doch hin und wieder, wenn die Umweltbedingungen besonders günstig sind, vermehren sie sich so stark, dass sie neue Gebiete besiedeln. Dann kommt es zu Kämpfen auf Leben und Tod. Keine gute Zeit für Mäusemütter und ihre Babys. Deshalb hat es die Natur so »eingerichtet«, dass Rennmausweibchen, gewarnt durch den Geruch unbekannter Mäuse, die Trächtigkeit beenden.

Mit dem Wissen, das ich als Biologin erworben habe, sind die Beobachtungen der kleinen mongolischen Nager in ihrer Heimat für mich von besonderer Bedeutung. Es ist ein seltsames Gefühl, die im Labor zutraulichen Tiere, die ich jahrelang beobachtet und versorgt habe, als scheue Wildtiere zum ersten Mal freilebend in ihrer Heimat wiederzusehen.

Vorsichtig schleiche ich mich an. Gerne möchte ich ein Foto machen. Aber näher als fünf Meter lassen sie mich nicht heran. Blitzschnell verschwinden sie in einem der vielen Gänge, mit denen der Boden wie ein Schweizer Käse durchlöchert ist. Ich lege mich der Länge nach auf den Bauch und robbe an das Loch heran, in das eine der Mäuse hineingehuscht ist. Es dauert. Das Tier kommt nicht heraus, bleibt unter der Erde verborgen. Lange passiert nichts. Gerade will ich mich enttäuscht aufrichten, als in sicherem Abstand ringsum an den anderen Höhleneingängen Rennmäuse auftauchen. Alle blicken in meine Richtung und machen Männchen. Es sieht so putzig aus, dass ich mir das Lachen verkneifen muss. Mit ihren schwarzen Knopfaugen beobachten sie mich scharf. Als ich zeitlupenlangsam meine Kamera in Position bringe, sind sie wieder weg, wie vom Erdboden verschluckt.

Schließlich gelingt es mir doch, einer Rennmaus so nah zu kommen, dass ich ein Foto knipsen kann. Als ich den Auslöser drücke, erschreckt sie das Klicken, und ohne sich zu besinnen, huscht sie in das erstbeste Loch. Die Höhle ist aber schon von einem Pfeifhasen besetzt. Der um ein Vielfaches größere Nager wirft die kleine Maus in hohem Bogen hinaus. Entsetzt flitzt sie davon und findet endlich den eigenen Höhleneingang. Nicht lange danach schaut sie wieder neugierig hervor.

Die letzten Wildesel

Nach einer Woche erspähen wir endlich die ersten Kulane, eine Gruppe von 20 Erwachsenen und neun Fohlen. Näher als etwa drei Kilometer lassen uns die scheuen Wildesel nicht heran. Mit bloßem Auge nur als dunkle Punkte erkennbar, kann man sie mit Ferngläsern gut sehen.

Am letzten Tag der Expedition wandern wir durch die Steinwüste und erklimmen einen Felsrücken. Von oben blicken wir auf der anderen Seite hinab in eine breite grasbewachsene Talsenke. Und da sind sie! Wildesel! Mehrere 100! Anmutig bewegen sich die schönen Tiere, schreiten graziös auf ihren schlanken Beinen. Ihr Fell leuchtet hell, der Rücken beige, die Flanken cremefarben, der Bauch weiß. Es sind die letzten ihrer Art. Früher waren Wildesel überall in den

Oben: Meine Gastgeberin Nurmaa beim Melken ihrer Schafherde, eine der vielen Aufgaben der Nomadenfrauen.

Unten: In der Bildmitte die Jurte von Aralbai und seiner Familie. Im Hintergrund die über 4000 Meter hohen Berge des mongolischen Altai.

Steppen Asiens verbreitet, heute nur noch auf kaum fünf Prozent ihres ursprünglichen Gebietes. Ergriffen lassen wir das Bild auf uns wirken, keiner spricht und auf allen Gesichtern liegt ein Leuchten.

Wieder zurück im Nationalpark Hustai Nuruu, widme ich mich erneut den Przewalski-Pferden. Jeden Morgen ziehe ich los. Leichter Nebel liegt über den Tälern, während die sanft gerundeten Hügel bereits in den Strahlen der Sonne baden.

Die letzten Urpferde der Erde

Vor Tagesanbruch bin ich auf einen Hügel gestiegen. Mit dem Fernglas suche ich nach Wildpferden und habe Glück, ganz in der Nähe weidet an einem Hang eine Herde, zwölf Stuten mit ihren Fohlen, angeführt vom Leithengst. Mit ihrem hellen Fell, das von Cremefarben über Sandgelb bis zu Rotbraun changiert, heben sie sich deutlich von der grünen Vegetation ab. Sie haben einen kräftigen, gedrungenen Körperbau und sind kleiner als die meisten Hauspferderassen. Der Hals ist kurz und dick, der Kopf wirkt im Verhältnis zum Körper wuchtig. Im Unterschied zu domestizierten Pferden ist ihre Mähne nur etwa 20 Zentimeter lang und steht steif nach oben. Ein weiteres Erkennungszeichen ist der dunkelbraune Aalstrich auf dem Rücken.

Der Anblick der takhi, wie die Wildpferde bei den Mongolen heißen, erfüllt mich mit tiefer Freude und berührt mich im Innersten, sind sie doch die letzten freilebenden Urpferde der Erde. Wie die Wildesel bevölkerten sie einst in großer Zahl die eurasischen Steppen. Von den Menschen der Steinzeit wurden sie an Höhlenwänden abgebildet. Dass es sie heute noch gibt, ist eine Geschichte aus Zufällen, die ein Hauch von Abenteuer und Romantik umweht. Als der Asienforscher Nikolai Michailowitsch Przewalski 1879 im Auftrag des Zaren das russisch-mongolische Grenzgebiet erkundete, galten Wildpferde als ausgestorben. Es war eine Sensation, als er belegen konnte, dass in dieser Region noch eine echte Wildpferdeart lebte – die letzte der Erde. Kaum erfuhr die Weltöffentlichkeit von der Entdeckung, richtete der Hamburger Tierhändler Carl Hagenbeck im Jahr 1900 eine Expedition aus, um die begehrten Tiere zu fangen und in seinem Hamburger Zoo dem Publikum zu zeigen. So unglaublich es klingen mag, nur aufgrund dieser Aktion haben die mongolischen Wildpferde überlebt. In freier Wildbahn waren sie in den folgenden Jahrzehnten ausgestorben, doch in Zoos hatten sich kleine Bestände erhalten.

Initiatoren der Wiederansiedlung waren der holländische Psychologe Jan Bouman und seine Frau Inge, die von den Wildpferden fasziniert waren und ihnen unbedingt die Freiheit wiederschenken wollten. Das Ehepaar rekonstruierte die Stammbäume und erstellte einen Zuchtplan, um möglichst entfernte Verwandte zu verpaaren. 1990 waren nach Jahrzehnten endlich genügend Tiere gezüchtet worden, um mit der Wiederansiedlung beginnen zu können.

Ich sitze noch immer auf meinem Beobachtungshügel. Die Wildpferde hatten sich zwischenzeitlich in der Sommerhitze in eine Senke zurückgezogen, doch nun haben sie ihren Ruheplatz verlassen und weiden wieder. Eine andere Herde nähert sich. Sofort entsteht Aufregung. Alle hören auf zu fressen, stehen sich starr gegenüber. Jede Gruppe hat ihr eigenes Territorium, wobei es an den Grenzen immer wieder zu Streitigkeiten kommt. Vor allem wenn die Vegetation kümmerlich ist, versuchen die Herden ihr Revier zu vergrößern. Die beiden Hengste lösen sich aus dem Gruppenverband, nähern sich steifbeinig, den massigen Kopf gesenkt, den Hals weit vorgestreckt, die Zähne drohend gefletscht. Die schwarzumsäumten Ohren sind nach hinten angelegt, was ihnen einen gefährlichen Ausdruck verleiht. Wütend schnauben sie, ihre schwarzen Nüstern blähen sich. Die Kontrahenten stehen sich jetzt auf wenige Meter gegenüber. Noch tiefer sinken die Köpfe herab, als wollten sie sich rammend aufeinander stürzen. Beide schnauben noch einmal – und trennen sich, ohne zu kämpfen.

Wäre der Gegner jedoch ein Rivale gewesen, der die Stuten hätte besitzen wollen, hätten sie sich einen möglicherweise tödlichen Kampf geliefert. Doch nicht nur die Aggressivität, auch der Beschützerinstinkt ist bei Wildpferden stark ausgeprägt. Bei Gefahr, wenn zum Beispiel ein Wolfsrudel angreift, stellt sich der Leithengst den Angreifern entgegen, damit die Herde fliehen kann.

Oben: Festkleid eines Kasachenmädchens. Die Kasachen in der Mongolei sind Moslems, leben aber ähnlich traditionell wie die Mongolen in Jurten.

Rechts: *Berkutschi* heißen kasachische Männer, die Adler abrichten und mit ihnen jagen. Dieser Jäger hat den ersten Preis beim Adlerfestival gewonnen.

»Ich war fünf Jahre alt, da hörte ich das erste Mal das Wort MONGOLEI, dessen geheimnisvoller Wohlklang mich sofort tief berührte. Als mir mein Vater erzählte, dass es ein Land sei, wo man unverstellt den Horizont sehen kann, habe ich sehr bedauert, nicht in der Mongolei geboren zu sein.«

Oben: Die mongolische Wüstenrennmaus in freier Wildbahn zu entdecken, war eine besondere Überraschung für mich.

Unten: Für das Pferd ist der leichte Holzsattel bequem, für den Reiter weniger.

Rechts: Der Sohn Aralbais mit seinem Adler, der wie ein Familienmitglied behandelt wird. Ich ritt mit meinem Gastgeber Aralbai, seinem Sohn und dem Adler zum Fest ins Sagsai-Tal.

Ein Tag geht zu Ende

Nach dem kurzen Intermezzo entfernen sich die beiden Herden voneinander, ziehen gemächlich weidend dahin über baumlose Hügel, die mit Gräsern, Wermut-Kräutern, Saxaul-Sträuchern und Tamarisken bewachsen sind, zwischen denen sich ein Teppich rosafarbener und weißer Lilien ausbreitet. Ein zeitlos, friedliches Bild, das sich mir unlöschbar einprägt.

Die Sonne hat ihren Lauf fast beendet. Dämmerung senkt sich herab und es wird kühl. Der Hengst führt seine Stuten gemächlich ins Tal. Im Licht der warmen Abendsonne schimmern ihre Körper goldfarben. An einem Bach stillen sie ihren Durst. In langen Zügen saufen die Stuten, der Hengst hält Wache. Ein Fohlen vergnügt sich mit Luftsprüngen, hüpft zum Vater, beißt ihm neckend in die Pobacken und erntet eine zärtliche Kopfnuss. In drei, vier Jahren werden männliche Fohlen geschlechtsreif, dann vertreibt sie der Leithengst. Die Verstoßenen schließen sich meist zu Junggesellentrupps zusammen, bis sie erfahren genug sind, einen eigenen Harem zu führen. Weibliche Nachkommen dürfen bleiben. Hin und wieder verlassen Jungstuten jedoch freiwillig ihre Eltern, vor allem, wenn die Gruppe zu groß geworden ist, und bilden mit einem Junghengst eine neue Familie.

Auf einmal vernehme ich einen seltsamen Laut: Wölfe! Nie zuvor habe ich sie in der Natur gehört, aber das Geheul ist unverwechselbar. Zuerst klingt es, als würde ein Mensch aus weiter Ferne rufen. Ein verwehtes »Juhu« dringt an mein Ohr. Eine kurze Pause, dann langgezogene Heultöne. Fasziniert lausche ich. Unwillkürlich erinnere ich mich an die Begegnung mit einem Wolf, die schon fast mystischen Charakter hatte. Es war im Norden der Mongolei, wo die Taiga beginnt. Eines Morgens stieg ich auf einen der Berge. Nebel hüllte die Gegend ein. Es war so still, dass ich außer meinen Schritten nur das Rauschen der Bäume hörte. Weiter ging ich in den wilden Wald hinein, der sich am Hang hinaufzog. Je höher ich stieg, umso lichter wurde es. Als ich den Gipfel erreichte, war ich dem Nebel entkommen. Wie ein weißer See breitete er sich unter mir aus. Plötzlich hatte ich das ungute Gefühl, nicht mehr allein zu sein. Ein Kribbeln von Gefahr durchpulste mich. Ich wandte mich um – und da stand er. Ein Wolf! Lautlos war er hinter mir aufgetaucht, starrte mich mit seinen gelbgrünen Augen an. Die Sonne beleuchtete seine weiße Brust. Ich spürte, wie sich ein Band des Verstehens zwischen uns spannte. Lautlos, wie er aufgetaucht war, verschwand er wieder. Es war, als habe er ein Teil von mir mitgenommen und mir dafür ein Stück von sich gegeben.

Schließlich verstummt das Rudel und durchstreift die Gegend nach Jagdbeute. Die Sonne ist hinter dem Horizont versunken und der Himmel ist nachtdunkel. Im Licht der Milchstraße, die als breites, flimmerndes Band von Horizont zu Horizont fließt, finde ich meinen Weg zurück zur Jurte, wo mich die Frau des Rangers mit einem Nudeleintopf erwartet und die drei Kinder wissbegierig und mit großen Augen meinen Erzählungen lauschen.

ALLEIN IN DER FREMDE

Schottland und Marokko

Die Cairngorm Mountains im Herzen Schottlands sind ein raues, karges und wasserreiches Gebirge, ein Felsenreich mit Hochmooren und rauschenden Wasserfällen.

EXPERIMENT ALLEINSEIN – IN DEN CAIRNGORM MOUNTAINS

Aufgeregt schultere ich den Rucksack. Es ist meine erste Reise, die ich allein in einem mir unbekannten Gebiet geplant habe. Ich will ausprobieren, ob ich das Alleinsein in einer fremden Umgebung über einen längeren Zeitraum aushalte, ob ich mich wohlfühle, wenn ich nur die Natur als Gegenüber habe, oder ob mir Angst die Freude am Unterwegssein verderben wird.

Als Testgebiet habe ich mir die Cairngorm Mountains im Nordosten Schottlands ausgesucht. Obwohl nur bis zu 1309 Meter hoch, wirkt diese Bergkette wegen ihrer kargen Landschaft und dem rauen Klima hochgebirgsähnlich. Fünf der zehn höchsten Berge Großbritanniens ragen hier auf.

Ich will die Cairngorms von Aviemore im Nordwesten bis Breamer im Flusstal des Dee im Südosten durchqueren. Mit Karte und Kompass ausgerüstet wandere ich in die Berge hinein. Anfangs bin ich noch unsicher und nervös. Werde ich mich im Gelände orientieren können oder mich verirren? Was mache ich, wenn mir jemand begegnet? Wie soll ich mich verständigen? Englisch beherrsche ich kaum, denn in der Schule habe ich Russisch und Latein gelernt. Diese Sprachen werden mir in Schottland kaum weiterhelfen. Doch Schritt für Schritt fällt die Unsicherheit von mir ab. Das mulmige Gefühl wandelt sich bald in beglückende Freude am Unterwegssein.

Müde vom ersten Wandertag, bereite ich mir mein Nachtlager. Mein erster Abend unter freiem Himmel. Ich liege in meinem Schlafsack auf einer Hochfläche zwischen Heidekraut. Ringsum ein Panorama eindrucksvoll steiler Berge. Den ganzen Tag über ist mir niemand begegnet, und auch jetzt ist kein Mensch zu sehen. Es ist so ruhig und einsam, als würde ich mich am äußersten Rand der Welt befinden. An den Hängen weiden vereinzelt Schafe. Es sind so wenige, dass sie die weltabgeschiedene Stimmung nicht stören. Weiter unten murmelt ein Bach. Bislang erlebte ich die Berge nur auf Wanderungen mit Freunden in den Alpen. Doch allein im Gebirge unterwegs zu sein, ist ein viel intensiveres und einprägsameres Erlebnis. Alles Empfinden ist unmittelbarer.

Ein Zelt habe ich nicht dabei. In Schottland regnet es viel, deshalb ist ein Zelt unpraktisch. Wenn man es nass einpackt, wird es auch innen feucht werden, und am nächsten Abend wäre dann auch der Schlafsack nass. Aus diesem Grund habe ich mich für eine Plastikplane als Schutz entschieden.

Zwischen zwei umgestürzten, entwurzelten Bäumen, über die ich die Plane spanne, habe ich den idealen Übernachtungsplatz gefunden. Die Kuhle polstere ich mit Heidekraut und breite darauf den Schlafsack aus. Die Sonne ist hinter den Bergen verschwunden. Der Himmel leuchtet in einem eigenartigen, fahlgelben Licht, wie ich es noch nie gesehen habe. Über den Berghängen erheben sich Felsen, schroffe, abweisende Gebilde, die unter dem gelblichen Himmel unwirklich aussehen. Sie schimmern in seltsamen Farben, wie auf einem fehlbelichteten Foto. Allmählich wird es dunkler, und das Grün der Wiesenhänge und das Grau der Felsen verschmelzen in der Dämmerung zu Lila.

In der Nacht regnet es. Heftig prasselt es auf die Plane herab, unter der ich zusammengerollt liege. Aus der Ferne grollen Donnerschläge, doch das Gewitter zieht weiter, und am Morgen blitzt die Sonne hinter den Felsen hervor. Ich halte die Plane in den Wind, schnell ist sie trocken und ich kann sie einpacken. Mir gelingt es, mit feuchtem Holz ein Feuer zu machen, indem ich zuerst dürre Heidekrautstängel anzünde. Mit Wasser aus dem Bach koche ich Tee.

Keine Menschenseele …

Ich folge einem Gebirgsfluss höher hinauf in die Berge. Geschmückt mit zahlreichen Wasserfällen, wird er von Felsen immer mehr eingeengt, bis er in einem unzugänglichen Canyon verschwindet. Ein Wanderfalkenpaar hat dort gebrütet. Ein einziges Junges haben sie großgezogen. Fast flügge hockt es aufgeplustert auf dem Felssims und wartet auf Futter. Sobald der Jungfalke einen Elternvogel erblickt, stimmt er ein jämmerliches Geschrei an. Eine Ringdrossel wird aufmerksam auf den Feind und startet mutig ihre Angriffe. Immer wieder streicht sie über den jungen Falken und attackiert ihn mit Schnabelhieben, bis sich der Angegriffene in einer sicheren Felsnische verkriecht.

Für die Beobachtung habe ich mir Zeit genommen und mich dabei ausgeruht. Nun steige ich den Berghang weiter hinauf. Ab und zu bleibe ich stehen und blicke umher. Ich sehe scheinbar endlose Bergketten, zwischen denen lang

Oben: Meine ersten Erfahrungen beim Unterwegssein. Per Anhalter reise ich von London nach Schottland und treffe auf gastfreundliche Engländer und Schotten.

Unten: Wollige Meckerer begegnen mir scheu und vorsichtig. Sie gehören zur Rasse der Schwarzkopfschafe, auf englisch *Scottish Blackface.*

gestreckte einsame Täler liegen. Nirgendwo eine Siedlung, eine Hütte oder irgendeine Spur, die auf die Anwesenheit von Menschen hindeuten würde. Ich habe die Berge ganz für mich allein. Die Pfade, denen ich folge, sind in meiner Karte verzeichnet, aber sie sind nicht markiert und ohne Wegweiser. Sie unterscheiden sich kaum von Wildwechseln und trockenen Bachläufen. Wenn diese den Wanderweg kreuzen, muss ich deshalb aufpassen, nicht vom Weg abzukommen. Einmal erwische ich einen dieser wilden Steige, der mich in die Irre führt. Doch noch bevor ich meinen Irrtum bemerke, zieht Nebel auf. Watteweicher Dunst verhüllt die Sicht. Angst fühle ich nicht, befinde ich mich doch in sicherem, nicht absturzgefährlichem Gelände. Auf einmal tauchen schemenhaft dunkle Gestalten auf. Mich durchfährt ein Schreck. Der Nebel lichtet sich in diesem Moment ein wenig – es sind nur zwei Schafe. Sie müssen über meine Erscheinung unmäßig erschrocken sein, bin ich doch urplötzlich aus dem Nebel vor ihnen aufgetaucht. Furchtsam starren sie mich an. Beruhigend rede ich auf sie ein, jedoch es hilft nichts. Sie flüchten in heilloser Angst. Ich lächle still in mich hinein und gehe weiter.

Zum »Sohn des Dhui«

Der Nebel legt sich wie ein grauweißes Tuch über Berg und Tal, scheint aus unsichtbaren Nebelmündern hervorzuquellen, wälzt sich am Boden entlang, steigt immer höher in den Himmel hinauf. Gespenstisch wallt er hin und her. Ich verliere die Orientierung und bin noch mehr als sonst in dieser menschenleeren Landschaft auf mich selbst zurückgeworfen. Nur bis zu meinen Füßen und den ausgestreckten Händen kann ich blicken. Da erhebt sich vor mir etwas Dunkles, eine Steinmauer? Es sind Felsen, sie reichen senkrecht in die Höhe und ich kann keinen Übergang wahrnehmen. Nun erst erkenne ich, dass ich vom Weg abgekommen bin, und orientiere mich mit Hilfe von Kompass und Karte neu.

Als Höhepunkt meiner Wanderung habe ich mir die Besteigung des Ben MacDhui zum Ziel gesetzt. Als breiter Bergrücken ragt der »Sohn des Dhui« in der Ferne auf. Dunkelblau hebt er sich vom helleren Himmel ab und erinnert mich daran, dass der gälische Name Cairngorm »Blaue Berge« bedeutet.

Einen Wanderweg gibt es nur vom Norden hinauf zum Gipfel, doch ich nähere mich von Süden. So dauert es mehrere Tage, bis ich mich über unwegsame heidebewachsene Hügel und durch unzugängliche Moore gekämpft und den Bergfuß erreicht habe. Der Blick hinauf wirkt einschüchternd. Ob ich mir nicht doch zu viel vorgenommen habe? Schließlich ist der Ben MacDhui mit 1309 Metern der zweithöchste Gipfel Schottlands. Höher ist nur der Ben Nevis, der 1345 Meter misst, aber nicht in den Cairngorms liegt. Das breite Gipfelplateau des Ben MacDhui fällt nach einer Seite felsig in die Tiefe, also umrunde ich den Berg zur Hälfte und versuche über den gegenüberliegenden Hang hinaufzukommen. Bei meinen ersten zögernden Schritten versinken meine Schuhe schmatzend im morastigen Boden, der sich unterhalb der Wand gebildet hat. Sumpfpflanzen gedeihen dort, das blaublütige Fettkraut kenne ich aus unseren heimischen Mooren. Es sind fleischfressende Pflanzen mit glänzenden klebrigen

An traumhaften Steilküsten pausiere ich eine Weile und übernachte unter freiem Himmel mit meinem Schlafsack. Das Rauschen des Meeres wiegt mich in den Schlaf.

Heidelandschaft mit Seen, die in Schottland »Loch« genannt werden. Scheinbar endlos reihen sich Bergketten aneinander, eine Landschaft, die mein Herz höher schlagen lässt.

Oben: In den schottischen Highlands begeistert mich das Panorama kahler Berge, runder Kuppen, schroffer Felsen, wo Steinadler ihre Horste bauen und wo Seeadler über weiten Tälern kreisen und in den Seen ihre Fische fangen.

Unten: Die schottischen Hochlandrinder sind robust und gutmütig, die Kühe haben längere Hörner als die Bullen.

Blättern, die am Boden eine Rosette bilden. Wenn sich Fliegen und Ameisen an ihnen verfangen, rollen sich die Blätter mit der Beute zusammen. Die Pflanzen produzieren Enzyme, mit denen sie die Tiere verdauen. Auf diese Weise ergänzen sie ihre Nahrung um wichtige Nährstoffe, von denen sie auf den stickstoffarmen Moorböden zu wenig bekommen. Ähnlich verfährt der hübsche Sonnentau, der immer wie vom Tau benetzt aussieht. Dabei sind diese verführerischen Tropfen tödliche Insektenfallen.

Vorsichtig springe ich von einem Binsenbuckel zum nächsten, bis ich endlich den Sumpf durchquert habe und mit dem Aufstieg beginnen kann. Je höher ich auf den Granitriesen hinaufsteige, umso grandioser entfaltet sich die Naturkulisse. Einmal schwirrt ein Moorschneehuhn laut gackernd vor mir auf, flattert ein paar Meter weiter und huscht ins Heidekraut. Weiter oben gibt es nur noch mit Flechten geschmückte Steine. Wegen seiner nördlichen Lage herrscht auf dem Gipfel ein Klima wie in den Alpen auf etwa 3000 Meter Höhe. Die Berge Schottlands bewahren eine subarktische Wildnis, an die sich nur wenige Lebensformen anpassen konnten.

Über einen ausgesetzten Grat steige ich immer höher. Endlich oben. Der Wind fegt über die Bergkuppe, zerzaust meine Haare, raut meine Gesichtshaut auf, stemmt sich mir entgegen, als wolle er mich zum Rückzug zwingen. Doch ich will meinen Sieg auskosten. Auf dem Gipfelplateau öffnet sich mir ein weiter Blick über eine wilde Landschaft. Erdige Farben mit ein wenig Grün bestimmen das Bild. Nebelfetzen krallen sich in den Tälern fest und tiefschwarze Lochs, wie die Seen in Schottland heißen, glänzen im Sonnenlicht. Die raue Natur der Highlands vermittelt mir ein Hochgefühl, so als würde meine Seele über dieses Land hinwegfliegen können. Ich habe eine wertvolle Erfahrung gemacht und glaube, dass ich den Test bestanden habe: Ich habe herausgefunden, dass ich für harte abenteuerliche Touren durch die Wildnis geeignet bin.

Wolken ziehen über den Horizont, der Nebel aus den Tälern steigt höher, bald hüllt er den Gipfel ein. Da, auf einmal, ein Flattern, ein Flügelrauschen dicht neben mir. Eine Taube löst sich aus den Nebelschleiern, landet und sucht zwischen den Steinen Zuflucht vor den Windböen. Vielleicht ist sie eine Brieftaube, die sich von den Wetterkapriolen ausruhen will, bevor sie ihren heimatlichen Schlag ansteuert.

Die nächsten Tage bringen reichlich Regen und Nebel, aber auch immer wieder Sonnenschein. Das raue und unberechenbare Wetter passt zu dieser kargen Bergwelt, die mich mit ihrer Weite und Einsamkeit in ihren Bann zieht. Von den Höhenzügen blicke ich hinunter in einsame Täler, weiter wandert mein Blick über sanft geschwungene Hügel, die bis zum Horizont reichen, so als bestünde die Welt nur noch aus Bergkuppen, die sich ewig immer weiter schwingen.

Keinem einzigen Menschen begegne ich bei meiner Wanderung – dafür vielen Tieren. Ich überrasche einen Hirsch mit prächtigem Geweih, als er an einem Bach seinen Durst stillt, stöbere Moorschneehühner auf und beobachte Fischadler, die über der weiten Landschaft durch die Luft gleiten. Ich lerne, mich in der Natur zu bewegen und mit ihr zu leben. Von Tag zu Tag erscheint sie mir vertrauter. Der Wunsch, mit jemanden diese Erfahrungen zu teilen, befällt mich nicht – dann wäre die besondere Stimmung, das Geheimnisvolle nicht so stark oder gar nicht mehr spürbar. Das Wandern über die Gipfelkämme in der baumlosen, schier endlosen Landschaft weitet meinen inneren Horizont. Mich täglich um Essen, Trinken, Kochen, Wegfindung und den Schlafplatz kümmern zu müssen, vermittelt mir eine elementare Freude am Leben.

Als ich die Türme von Braemar Castle, dem Endziel meiner Wanderung, erblicke, erfüllt mich ein tiefes Glücksgefühl. Ich freue mich, wieder in bewohnte Gebiete zu kommen. Im Kontrast zwischen der kargen und harten Existenz in der Natur und dem bequemen und genussvollen Leben in der Zivilisation liegt für mich der Reiz des Reisens.

In der Jugendherberge von Braemar kann ich nach Wochen in den wilden Bergen wieder in einem Bett schlafen und mich satt essen. Als ich unter der Dusche stehe und das heiße Wasser über meinen Körper rinnt, erinnere ich mich daran, wie ich mich morgens an kalten Bächen wusch. Nach diesen Erfahrungen kann ich umso mehr die Annehmlichkeiten der Zivilisation genießen. Und ich weiß, dass ich die zu mir passende Art des Unterwegsseins gefunden habe.

Oben: Das Braemar Castle diente früher als Jagdschloss für schottische Könige. 1628 hat es der Earl of Mar am Hochufer des Flusses Dee erbauen lassen. Nach Streitigkeiten unter den Clan-Chefs brannte John Farquharson, der berüchtigte »Black Colonel«, das Schloss nieder. Mehrmals aufgebaut und wieder zerstört ist es heute ein Zeugnis der turbulenten schottischen Geschichte.

Rechts: Der naturbelassene Fluss Dee entspringt auf 1220 Meter Höhe in den schottischen Highlands und mündet nach 140 Kilometern ins Meer.

»Meine Erfahrungen in Schottland bestärkten mich in meinem Glauben, dass ich für abenteuerliche Touren in der Wildnis geeignet bin.«

IN BEDRÄNGNIS – ERLEBNISSE IM ATLASGEBIRGE

Gemeinsam mit Freunden besuche ich den Markt in Imilchil, einem Berberdorf im Hohen Atlas. Der fünftägige moussem findet jedes Jahr nach der Ernte statt. Für die Berber aus den abgelegenen Dörfern der Region bietet er eine willkommene Gelegenheit, sich zu treffen, zu handeln und aus einem vielfältigen Angebot zu wählen.

Einige nutzen die Markttage zum Heiraten, denn den hier geschlossenen Ehen wird eine glückliche Zukunft vorausgesagt. Dazu trägt dem Glauben zufolge das Grabmal des Sidi Ahmed Oulmaghni in Imilchil bei. Nach der Eheschließung umrunden die Paare gemeinsam die koubba des Heiligen, damit seine Kraft ihrem Ehebund Bestand verleiht.

Die Ehen, die auf dem »Heiratsmarkt« geschlossen werden, wurden von den Familien schon lange zuvor vereinbart. Witwen und geschiedene Frauen vom hiesigen Berberstamm Aït Haddidou können sich jedoch einen neuen Partner frei wählen. Auf dem Markt haben sie die Möglichkeit, nach einem Heiratskandidaten Ausschau zu halten.

Für die zahlreichen Besucher aus den Berberdörfern wird außerhalb von Imilchil im Tal des Assif Melloul auf einem 2000 Meter hohen Plateau eine Zeltstadt mit Verkaufsständen errichtet. Händler bieten Silberschmuck, Bernsteinketten, Seidentücher und andere Waren an. Mit schweren Lasten beladene Maultiere und Dromedare treffen ein, Ziegen, Schafe, Pferde und Kühe werden von weit entfernt herangetrieben. Von den exotischen Gerüchen, den vielfältigen Geräuschen und der fremden Sprache, den farbenfrohen, stoffreichen Gewändern der Frauen und den mit Turbanen geschmückten Männern fühle ich mich in eine längst vergangene Zeit versetzt, als Karawanen auf den Weihrauch- und Seidenstraßen unterwegs waren und in der Wüste ihr Lager aufschlugen.

Mit meinen Freunden übernachte ich in einem der Gästezelte, tagsüber streife ich durch die Zeltstadt und mache Halt an dem einen oder anderen Verkaufsstand. Die meisten Händler sprechen Französisch, einige auch Englisch. Gastfreundlich bieten sie mir zuckersüßen Minztee in winzigen Gläsern an.

Ich bin überrascht, wie friedlich das Fest abläuft. Es mögen wohl tausend und mehr Menschen sein, die fünf Tage auf engsten Raum beieinander leben. Kein Streit, keine Schlägerei, kein Lärm. Laut sind nur die Trommler, die Musikkapellen und die Tanzgruppen, die bei ihrem Schreittanz rhythmisch in die Hände klatschen. Niemand belästigt mich, wenn ich allein herumspaziere.

Zwiespältige Erfahrungen

Einer der Händler, der mich in sein Zelt einlädt und mit Tee bewirtet, erzählt mir eine berührende lokale Variante der Tragödie von Romeo und Julia.

»Einst lebten in diesem Gebirgstal zwei miteinander verfeindete Berber-Clans«, beginnt Boumlik, ein Mann mit grauen Haaren und grauem Schnurrbart. Während er spricht, mustert er mich mit wachen pechschwarzen Augen. Seine Stimme führt mich weit zurück in die Vergangenheit. Damals verliebten sich ein Mädchen und ein Junge aus den beiden Clans ineinander, doch die Feindschaft ihrer Familien verhinderte ihre Heirat. Die beiden versuchten deshalb zusammen zu fliehen, aber sie wurden verraten. Die Clan-Oberhäupter verurteilten die Jugendlichen zum Tod durch Steinigung, und erst als das Urteil vollzogen war, kamen die Familien zur Besinnung und bereuten ihre Tat. Daran hatte der heilige Sidi Ahmed Oulmaghni großen Anteil, der ihnen ins Gewissen redete. Damit nie wieder Liebende sterben müssen, vereinigten sich die beiden Clans zum Stamm Aït Haddidou, errichteten gemeinsam das Grabmal zu Ehren des Heiligen und feiern jedes Jahr ein friedliches Heiratsfest. Die Legende erzählt, dass zwei Seen, nur wenige Kilometer nördlich von Imilchil, von den Tränen der verzweifelten und unglücklichen Liebenden gefüllt wurden. Wie zwei blaue Augen liegen der Lac Tislit, der See der Braut, und der Lac Iselit, der See des Bräutigams, eingebettet in der lehmbraunen, kargen Landschaft.

Die Erfahrungen auf dem Markt machen mir Mut, anschließend allein durch Marokko zu reisen, denn meine Freunde haben nicht länger Zeit. Ich plane, Marrakesch zu besuchen, im Hohen Atlas zu wandern und den höchsten Berg Nordafrikas, den 4167 Meter hohen Toubkal, zu besteigen.

Oben: Die Berber im Hohen Atlas treffen sich einmal im Jahr in Imilchil zum Hochzeitsmarkt. Sie reisen von weit her, um ihre Waren anzubieten und zu handeln.

Unten: Auf dem Weg zum 4167 Meter hohen Toubkal, dem höchsten Berg Nordafrikas, war ich durch die Zudringlichkeit der Dorfbevölkerung überfordert.

Bald aber bereue ich meine Entscheidung. Das Verhalten der Menschen macht mir Angst und ich bin verunsichert. Schon in Marrakesch kann ich mich der aufdringlichen Händler, selbsternannten Führer und aggressiven Bettler kaum erwehren. So fahre ich schon am nächsten Tag mit dem Bus in den Hohen Atlas.

Im Bergdorf Asni beginne ich meine Wanderung und steige in einem besiedelten Hochtal immer höher ins Gebirge hinauf. In den Dörfern, die ich auf staubigen Schotterstraßen durchquere, kommen die Menschen sofort auf mich zugerannt, umringen mich, zupfen an meiner Kleidung und fordern lautstark Geld von mir. Frauen, Männer, Kinder bedrängen mich und wollen alles haben, was ich bei mir trage: die Uhr, die ich bald in den Rucksack stecke, die Sonnenbrille, meinen Sonnenhut – und sogar mein gestreiftes Wanderhemd gefällt einer Frau. Mit Gesten kann ich ihr mühsam klarmachen, dass ich nur dieses eine Hemd besitze. Da bietet sie an, es gegen ihre Bluse zu tauschen. Kinder, die mich vergeblich um Geld und Zigaretten anbetteln, werfen Steine nach mir. Ich bemühe mich, unbefangen zu bleiben, nicht aggressiv zu reagieren und einfach weiterzugehen. Doch jedes Mal, wenn mich der Weg wieder zu einem Dorf hinführt, steigt mein Pulsschlag und mein Nacken verkrampft sich. Kaum bin ich erspäht worden, umringen mich wild gestikulierende schreiende Menschen und ziehen bis zum Ortsende hinter mir her. Ich versuche die Dörfer zu umgehen, aber die Gegend ist zu felsig und steil, sodass ich auf den Verbindungsstraßen bleiben muss.

Mir ist klar, warum sich die Bergbewohner so verhalten. Wir, die Fremden, kommen in ihr Land und wecken Bedürfnisse. Alles, was wir haben, fehlt ihnen, und so versuchen sie, es von uns zu bekommen. Da auf dieser Route zum Toubkal viele Touristen unterwegs sind, haben die Menschen gelernt, dass sie durch Aufdringlichkeit zum Ziel kommen.

Obwohl ich ihr Verhalten verstehe, fühle ich mich dennoch nicht besser. Es wäre einfacher, wenn ich mich verständlich machen könnte. Doch die Dorfbewohner sprechen nur ihr Berberidiom und bestenfalls noch Arabisch, das ich zu dieser Zeit noch nicht beherrsche. Fremde Laute prasseln auf mich ein, ich kann nur mit den Schultern zucken, die Hände heben, mit ihnen herumwedeln und unsicher lächeln. Sich nicht mit Worten erklären zu können, bereitet mir großes Unbehagen.

Endlich liegen die Siedlungen hinter mir. Erleichtert atme ich auf und lasse die Bergwelt auf mich wirken. Der Toubkal ist von dunklen Felsen umgeben, in denen Pflanzen kaum einen Lebensraum finden. Einzig dornige Polstergewächse krallen sich an brüchiges Gestein. Geröll bedeckt die Bergflanken und lose Gesteinsblöcke türmen sich übereinander. Der Atlas, der etwa zur gleichen Zeit entstanden ist wie die Alpen, ist zwar mit seinen höchsten Spitzen noch immer über 4000 Meter hoch, doch die täglichen Temperaturstürze zwischen Sonnenglut und Nachtkälte lassen das Gestein zerspringen und zerbröckeln. Nie zuvor ist mir die Vergänglichkeit eines Gebirges so deutlich geworden, als könnte ich die geologischen Vorgänge im Zeitraffer sehen.

Oben: Die aus luftgetrockneten Lehmziegeln erbauten Häuser in Marokko wirken wie Festungen.

Rechts: Die Kinder meiner Gastfamilie im Bergdorf Asni, wohin ich mit dem Bus von Marrakesch aus gefahren bin. Spät am Abend bin ich angekommen, und die Familie bietet mir an, bei ihr zu übernachten.

»Jede Reise öffnet unsere inneren Horizonte und bereichert uns mit neuen Erkenntnissen. Die Begegnungen in Marokko haben mich davon überzeugt, unbedingt die Sprache der Bewohner eines Landes zu erlernen, in dem ich unterwegs sein will.«

Oben: Für mich eine willkommene Rast, während der Motor abkühlen und ein Ersatzteil ausgetauscht werden muss.

Unten: Mit diesem Laster bin ich im Hohen Atlas getrampt. Platz war nur oben auf der Ladung, wo es für mich hieß: gut festhalten, denn die Piste war steil und voller Löcher.

Riskante Begegnungen

An einer Quelle mit kristallklarem Wasser mache ich eine Pause. Das Wasser hat eine Vertiefung ausgehöhlt, ringsum bewachsen mit gelben Astern, blauen Vergissmeinnicht und weißem Hornkraut. Eine kleine Oase des Lebens inmitten des Felsgebirges. Schmetterlinge gaukeln durch die Luft und zierliche Streifenhörnchen lassen sich den Pelz von der Sonne wärmen.

Ich fühle mich sicher hier in der Einsamkeit, und erhitzt vom steilen Aufstieg will ich mich in dem kühlen Wasser erfrischen. Da sehe ich einen Hirten, hinter ihm seine Ziegenherde. Der Schreck durchfährt mich. Noch bevor ich mich tarnen kann, hat auch er mich erspäht. Entsetzt erkenne ich, dass er seine Tiere sich selbst überlässt und zielstrebig auf mich zukommt. Mein Herz rast. Was will er von mir? Angst durchflutet mich. Ich kämpfe sie nieder, damit nicht Panik von mir Besitz ergreift. Ich muss einen klaren Kopf bewahren, um reagieren zu können. Mit weit ausholenden Schritten kommt der Mann auf mich zu, fast rennt er. Vielleicht ist er krank oder verletzt und braucht Hilfe, geht es mir durch den Kopf. Ganz nah kommt er heran, zwischen uns sind nur wenige Handbreit Zwischenraum. In herrischem Ton redet er auf mich ein, wird immer lauter, schreit. Endlich verstehe ich ein Wort: *dirham* – er bettelt also um Geld. Ich schüttle den Kopf, hebe bedauernd meine Hände zum Himmel, zeige auf die Berge ringsum und sage so entschieden wie möglich: »No dirham!«. Ich hoffe, ihm damit verständlich zu machen, dass ich hier in den einsamen Bergen kein Geld herumtrage. Nun zeigt er auf meine Schuhe und dann auf sich. Erschrocken wehre ich ab, denn ich habe nur dieses eine Paar. Verzweifelt grüble ich, was ich tun soll, damit er mir nicht mit Gewalt die Schuhe wegnimmt. Mit seinem Hirtenstock steht er bedrohlich nah vor mir.

Die Ziegen sind inzwischen den Steilhang weiter hinaufgezogen. Ich weise mit ausgestrecktem Arm auf seine Herde und bedeute ihm, dass sich seine Tiere davonmachen. Er zögert, schaut unschlüssig zwischen mir und der verschwindenden Herde hin und her. Auf einmal verabschiedet er sich höflich auf Französisch: »Au revoir, Madame!«

Verblüfft antworte ich: »Au revoir, Monsieur.«

Befreit atme ich auf, als ich wieder allein bin. Warum, überlege ich beim Weitergehen, sind die Begegnungen mit Menschen in Marokko so furchterregend für mich? Bei meinen Reisen in Südamerika, Afrika und Asien war ich mir zwar der Risiken des Alleinreisens bewusst, doch ich fühlte mich ihnen gewachsen, weil ich Situationen einschätzen konnte. Die Einheimischen dort waren zurückhaltend, warteten ab, bis wir uns allmählich annäherten. In Marokko stürzen dagegen die Menschen auf mich zu, und obwohl ich meine Uhr nicht mehr am Arm trage, meinen Fotoapparat in den Rucksack gepackt, auch Sonnenbrille und Hut schnell abnehme und verstecke, wollen sie meine Kleidung und meine Schuhe. Wie würde der Nächste reagieren, wenn ich das Gewünschte nicht gebe?

Ich muss nicht lange warten. Auf dem engen Pfad, der nun hoch über der Schlucht dicht an der Felswand entlangführt, kommt mir ein junger Mann entgegen, kaum älter als 20 Jahre. Ein Aufblitzen in seinen Augen warnt mich. Doch

»Die Herkunft der Berber ist unklar. Vermutlich besiedelten die Berber Nordafrika schon zur Steinzeit, allerdings hat sich die ursprüngliche Bevölkerung durch Vermischung und Einflüsse von außen ziemlich verändert.«

es ist zu spät. Ich habe keine Zeit, den Pfefferspray aus dem Rucksack zu holen. Warum nur habe ich ihn nicht in die Hosentasche gesteckt! Mit schnellen Schritten ist er heran. Neben mir der Abgrund, über mir die Felswand, ich kann nirgendwohin ausweichen. Er packt mich. Sein Griff und seine Bewegungen machen mir klar, er begehrt nicht meine Schuhe, sondern mich selbst. Ich kann mich losreißen. Er setzt mir nach. Ich hebe einen Stein auf und werfe nach ihm, um Zeit zu gewinnen, den Pfefferspray aus dem Rucksack zu holen. Doch er kann besser zielen als ich. Ich nehme den Rucksack wieder auf den Rücken, ohne den Spray gefunden zu haben, und renne so schnell ich kann den Pfad hinab. Angstvoll blicke ich nach oben, der junge Mann hat meine Verfolgung aufgegeben. Vielleicht war es ihm nicht der Mühe wert, den steilen Aufstieg dann noch einmal machen zu müssen.

Endlich ist das Ende der Schlucht erreicht. Ein türkisgrüner, von rostroten Felsen umgrenzter See liegt vor mir – der Lac d'Ifni. Ein märchenhafter Anblick. Ich bin tief berührt. Bald dunkelt es und ich suche mir einen Unterschlupf in der der Höhlung unter einer schief liegenden Steinplatte, die mich vor den Blicken möglicherweise vorbeikommender Hirten verbirgt.

Nebelschleier füllen am Morgen die tiefe Schlucht. Die Strahlen der aufgehenden Sonne schimmern golden durch den Dunst. Ich folge einem kaum sichtbaren Pfad im lockeren Geröll. Disteln blühen zwischen rotbraunem Gestein. Das leise Zwitschern eines Steinschmätzers verstärkt den Eindruck von Stille und Einsamkeit. Ich sehe, wie hier und dort dünne Rauchsäulen aufsteigen, die Feuer der Hirten, die sich Tee bereiten. In weitem Bogen schleiche ich an ihnen vorbei.

Sichtgeschützt hinter Steinblöcken raste ich, esse Fladenbrot mit Käse, Tee kann ich nicht kochen, um mich nicht durch den Rauch zu verraten. Gestärkt beginne ich mit dem Aufstieg zum Gipfel des Toubkal, überquere eine Geröllhalde, an die sich riesige Felsblöcke anschließen. Von der Toubkal-Scharte geht es über einen Grat aufwärts zum Gipfel.

Die Aussicht ist fantastisch: dunkle Abgründe, tiefe Schluchten, einsame Täler, wildgezackte Felsen. Ein atemberaubender Anblick. Das Gebirge wirkt abweisend und gefährlich, aber gerade dadurch fühle ich mich herausgefordert und beschließe, tiefer in diese Felsenwelt einzudringen. Forschend wandert mein Blick über die Bergketten und steilen Abgründe. Lange sitze ich am Gipfel, lasse meine Augen immer wieder ringsum über die Berge schweifen, dann steige ich ab und folge dem wild sprudelnden Mizane-Bach aufwärts in ein schmales Tal. Letzte Schneereste säumen die Felsen, liegen eingebettet im zerfurchten Gestein.

Leuchtender Berg

Am Abend leuchten die Berge kupferrot im Licht der untergehenden Sonne. Rotschnäblige Krähen sind die einzigen sichtbaren Lebewesen in dieser einsamen Welt. Mit ihren hellen Rufen durchdringen sie die Stille. Nachdem die Sonne hinter einem zerklüfteten Grat versunken ist, legen sich Schatten dunkelviolett in das enge Tal des Mizane. Es wird rasch kühl. Die Farben werden hart, bekommen einen blauen Schimmer. In dem kalten feuchten Tal will ich nicht übernachten und steige deshalb hinauf zu den Gipfelzacken des Tizi n'Ougane. Unter einem Felsen finde ich eine Nische, in die ich mit meinem Schlafsack passe. Zunächst aber koche ich mir eine Suppe, der Rauch kann mich in dem Felsgewirr nicht verraten. Danach husche ich schnell in mein Schlaflager, denn es ist eisigkalt geworden. Aus dem Felsspalt beobachte ich das Farbenspiel des Himmels, das sich von Gelb und Orange in Rot verwandelt, bis die letzten violetten Töne von der Nacht ausgelöscht werden. Ein Schatten, schwärzer als die Nacht, fliegt über mich hinweg, streift fast mein Gesicht – eine Fledermaus. Bald sind es viele, die mit rasanten Flugmanövern nach Nachtinsekten jagen. Als ich die Augen schließen will, breitet sich plötzlich ein eigenartiges Leuchten aus und die Bergspitzen beginnen zu glänzen. Der Mond ist aufgegangen und überzieht die Landschaft mit seinem silbrigen Licht. Er leuchtet so hell, dass ich mich zur Felswand drehen muss, um einschlafen zu können.

Kein Geräusch, nichts stört mich in dieser Nacht, ich schlafe ruhig und fest. Beim ersten fahlen Morgendämmer bin ich wieder marschbereit. Frühstücken werde ich später,

Die schon lange zwischen den Familien vereinbarten Hochzeiten werden in Imilchil vom Gouverneur amtlich beurkundet. Die Braut wird von ihrem Vater geführt, ganz links ist der Bräutigam.

Die Berber vom Stamm der Aïd Haddidou, früher ein eigenständiges Volk mit eigener Religion, haben inzwischen den islamischen Glauben angenommen, dennoch halten sie an althergebrachten Traditionen fest.

Farbenprächtige Gewürze sind für mich wie ein Fest für die Augen und vor allem für die Nase. Feingemahlen kann man sie sich in kleinen Portionen abwiegen lassen.

es ist noch zu kalt. Ich wähle einen kaum sichtbaren Pfad, der mich zuerst eine Scharte hinauf und dann in ein Tal hinabführt.

Die Sonne erscheint über den Berggraten und löst die Schleier der Morgennebel auf. Das dunkle Gebirge verzaubert mich, gerade weil alles so karg und dürr ist. Gesteinsblöcke liegen wild durcheinander gewürfelt, als hätten Titanen ihre Kräfte ausgetobt. In dieser zeitlosen Einsamkeit folge ich Ziegenpfaden oder steige einfach ein trockenes Bachbett hinab. Mit Karte und Kompass finde ich den Weg über die Gebirgskämme des Tizi n'Terhaline und des Tizi n'Terharate. Schließlich gelange ich am Bergdorf Sidi Chamharouch vorbei wieder auf den Weg nach Asni, meinen Ausgangsort.

Noch immer durchströmt mich ein ungutes Gefühl, wenn mir in den Siedlungen Menschen begegnen. Es ist schwierig für mich, mit der mir fremden Wesensart umzugehen. Was ich als aufdringlich empfinde, ist für sie wahrscheinlich nur Neugier. Vielleicht provoziert es sie auch, dass ich als Frau allein durch die Berge wandere. Wenn sie Steine in meine Richtung werfen, wollen sie möglicherweise nur auf sich aufmerksam machen. Sie zielen bewusst daneben, denn nie trifft mich ein Stein.

Jede Begegnung stellt wieder eine neue Herausforderung für mich dar, und immer lerne ich hinzu, vor allem nicht mich selbst mit meiner Angst und den falschen Rückschlüssen als Maßstab zu setzen. Nicht die anderen sind fremd, sondern ich bin es, die sich durch Einfühlung und Beobachtung anpassen muss.

Dass ich mich während meiner Wanderung irgendwie verändert habe, stärker, selbstbewusster und zugleich auch offener bin und anscheinend auch so wirke, merke ich, als ich auf der Bergstraße nach Asni zurückgehe. Wo mich beim Hinweg zahlreiche Menschen belästigt hatten, grüßen sie mich nun: »La bas – wie geht's?« Als sei ich eine vertraute Bekannte …

Das Berberdorf passt sich mit seinen Häusern aus Steinen der Landschaft an. Die Berghänge werden terrassiert, und künstliche Bewässerung sogt für ertragreiche Ernten.

Polsterpflanzen befestigen den steilen Berghang beim Aufstieg zum Toubkal, auf den kein Pfad hinaufführt, sodass ich mir einen Weg durchs Geröll suchen muss.

SEHNSUCHTSZIEL BERGE

Österreich und Ecuador

Der Cotopaxi, der formschönste Vulkan, den ich kenne. Es verlockte mich, auf den 4939 Meter hohen Gipfel zu steigen, doch musste ich wegen der Gletscherspalten und Eisbrüche umkehren.

GEWITTER IM KARWENDEL

Mein Schlafsack ist feucht vom Tau. Mühsam quäle ich mich heraus, fühle mich zerschlagen an allen Gliedern. An dem felsigen und abschüssigen Hang hatte ich keinen ebenen Platz finden können. Jede Wurzel, jeden Stein habe ich gespürt, zumal ich nur eine hauchdünne Alu-Decke als Unterlage benutzt habe. Um Gewicht zu sparen, habe ich auch auf das Zelt verzichtet.

Es ist noch dunkel; fahlgrau zeichnen sich Felswände und Bergspitzen gegen den düsteren Himmel ab, wo die Sterne hinter einer geschlossenen Wolkendecke verborgen sind. Bevor ich eingeschlafen war, hatte über mir eine glitzernde Sternenpracht gestrahlt. Im Karwendel, heißt es, sieht man wegen der Abgeschiedenheit und der sauberen Luft die Sterne klarer als an anderen Orten.

Das Karwendel ist ein wilder Gebirgsstock der Nördlichen Kalkalpen, wobei der größere Teil zu Österreich, der kleinere zu Deutschland gehört. Die Grenze verläuft über den Gipfeln, was die bergerfahrene Bevölkerung früherer Zeiten zum Schmuggeln begehrter Waren animierte. Vier lange Bergketten erstrecken sich von Ost nach West und schließen drei tief eingeschnittene Täler ein, die nach den in ihnen verlaufenden Bergbächen benannt sind. Die Höhenzüge aus lichtgrauem Kalkgestein können nur geübte Wanderer überschreiten. Der höchste Gipfel ist mit 2749 Metern die Birkkarspitze. Für Sportkletterer ist der schroffe Felsaufbau mit seinen schwindelerregenden Abstürzen, Spitzen und Pfeilern eine verlockende Herausforderung. Heute jedoch will ich nicht klettern, sondern die Natur erleben und mich von der anstrengender Arbeit an meinem neuen Buch erholen. Wegen seiner wilden Ursprünglichkeit gehört das Karwendel zu meinen bevorzugten Wandergebieten; oft war ich hier mit Freunden, diesmal will ich allein sein, will die Stille und Weite der Berglandschaft genießen.

An einem sonnenwarmen Augusttag bin ich gestern mit dem Zug bis Scharnitz gefahren, wo ich gegen Mittag ankam. Das Hinterautal entlang stieg ich den Berghang hinauf. Als es dämmerte, suchte ich mir weitab vom Wanderweg einen geschützten Platz zwischen schulterhohen Latschenkiefern und Alpenrosen.

Unmerklich ist es heller geworden, und schon werden die Gipfel von den ersten Strahlen vergoldet; die Sonne steht jedoch noch unterhalb des Horizonts. Rosa Wolken ziehen auf, wenig später färbt sich die Himmelskuppel, als sei sie mit roter Tinte übergossen worden. Ein unheilvoller Anblick. Noch nie zuvor habe ich einen Sonnenaufgang erlebt, bei dem das Firmament in Flammen zu stehen scheint. Unwillkürlich fällt mir der Spruch ein: »Morgenrot – Schlechtwetterbot.« Macht nichts, denke ich, bin ich doch gut ausgerüstet, zumal ich Regen mag. Da wirken die Berge noch geheimnisvoller und ich werde kaum anderen Wanderern begegnen, habe das Felsenreich für mich allein.

Eine seltsame Ruhe umgibt mich. Ab und zu ertönt in der Ferne der sehnsuchtsvolle Ruf eines Vogels. Im Geäst der Latschenkiefern flattern Tannenmeisen geschäftig umher. Ihr Zwitschern klingt wie zartes Glockengeläut.

Ich habe keine Geduld zu warten, bis der Schlafsack getrocknet ist, ich werde ihn später von der Mittagshitze trocknen lassen. Ich stopfe ihn feucht in den Rucksack, der angenehm leicht ist. Diesmal will ich nicht monatelang, sondern nur eine knappe Woche unterwegs sein.

Romantische Bergwildnis

Zwei Kolkraben schweben über mir am inzwischen wieder normal blauen Himmel. Sie spielen miteinander, schaukeln im Wind, steigen auf und nieder, schlagen übermütig Saltos. Diese akrobatischen Flugspiele zeigen sie sonst im Frühjahr zur Paarungszeit. Vielleicht fühlen sie sich von der herbstlich kühlen Luft am Ende des Sommers an diese aufregende Zeit erinnert.

»Klong, klong, korrk, korrk, rraab«, schallt es zu mir herab. Ich freue mich über diese sonoren Rufe der Kolkraben, empfinde sie wie ein akustisches Band, das mich mit ihnen verbindet. Ein warmes Gefühl breitet sich in mir aus, berührt mein Herz. Es sind diese Momente tiefempfundenen Glücks, in denen ich spüre, dass ich mit allem Lebendigen ringsum verbunden bin. Erleben kann ich sie aber nur, wenn ich allein bin.

Weglos steige ich einen Geröllkegel empor, aus dem wie weiße Sterne die Blüten des Sumpfherzblattes hervorleuchten. Von oben blicke ich hinunter in einen lieblichen Talkessel

Oben: Mich begeistert die steinerne Urlandschaft des Karwendelgebirges, das zu den nördlichen Kalkalpen gehört.

Unten: Mitunter mache ich um Alpenvereinshütten einen Bogen und übernachte draußen, so bekomme ich eindringlichen Kontakt zur Natur. Allerdings darf es nur ein »Notquartier« sein, denn Campen ist im Naturschutzgebiet Karwendel nicht erlaubt.

mit einem sprudelnden Wildbach, der sich durch eine Blumenwiese windet. In schnellen Sprüngen geht es hinab, und nach einer erfrischenden Rast am silbern glitzernden Bach zwischen Moosen und Gräsern gelange ich über einen extrem steilen Aufstieg auf ein fast ebenes Plateau inmitten von fast senkrechten Felswänden.

Mich begeistert diese steinerne Urlandschaft, in der nirgendwo die Spur eines Menschen zu sehen ist. Sie vermittelt mir das Gefühl, als sei ich allein auf der Welt. Die Vorstellung zählt zu meinen Lieblingsfantasien. Eine andere ist eine Reise in die Frühzeit der Menschheit, als man sich gegen eine unerbittliche Natur behaupten musste, als man jagte, um etwas zu essen zu haben, und um sein Überleben kämpfte.

Auf einem glatten Stein finde ich einen geeigneten Rastplatz und hole meine Wegzehrung aus dem Rucksack. Während ich esse, fühle ich mich in dieser an sich lebensfeindlichen Umgebung wunderbar geborgen. Ohne eine Spur Leben scheint diese Bergwildnis. Nur Fels gibt es, von Wind und Sturm blank gefegt. Es ist so ruhig, dass ich höre, wie an den Geröllhängen kleine Steine herabrieseln, und dann – zuerst glaube ich, mich zu täuschen – singen die Felsen. Es ist ein sirrender Ton. Vielleicht ist es der Wind, der an Vorsprüngen entlang streift und dabei diese mystisch wirkende Melodie hervorlockt.

Plötzlich poltern Steine, hüpfen und kollern den Steilhang hinab. Ein Rudel Gämsen hat die Brocken losgetreten, mit artistischer Gewandtheit klettern die Tiere durch die Felsen, kommen meinem Rastplatz immer näher. Ich rühre mich nicht. Gebannt beobachte ich die Kletterkünstler in ihrer luftigen Höhe. Ihre enorme Trittsicherheit verdanken sie dem Bau ihrer Hufe, die »Schalen« genannt werden. Diese zangenartigen Klauen können weit gespreizt werden, die Sohlen sind weich und schmiegen sich wie Rohgummi jeder Unebenheit an. Rutscht der Huf dennoch einmal ab, verhakt er sich dank der hervorragenden harten Außenkanten. Dennoch findet man hin und wieder eine tote Gämse, die jedoch nicht abgestürzt ist, sondern von herabstürzenden Steinen erschlagen oder im Winter von einer Lawine mitgerissen wurde.

Die alte erfahrene Geiß an der Spitze des Rudels hat mich gewittert. Mit schrillen Pfiffen warnt sie die Artgenossen, scharrt und stampft heftig mit dem Vorderhuf. Nach einem kurzen Moment des Innehaltens ergreift der Trupp die Flucht und verschwindet hinter einem Felsvorsprung.

Als ich zum Himmel blicke, erschrecke ich. Auf die Gämsen konzentriert, hatte ich nicht auf den Wetterumschwung geachtet. Unheil hat sich zusammengebraut. Eine tiefschwarze Gewitterfront zieht auf. In atemberaubender Geschwindigkeit rast sie näher, überzieht den ganzen Himmel. Es sieht gespenstisch aus. Im Kontrast zu der schwarzen Wolkenwand wirken die kalkigen Felsen wie die entblößten Knochen eines riesigen Ungeheuers. Eine unheimliche Stimmung breitet sich aus. Die Luft wirkt bleiern. Es ist, als würde die Welt den Atem vor dem drohenden Weltuntergang anhalten.

Mir ist sofort klar: Ich sollte nicht hier sein, wo ich bin. Ein Gewitter im Gebirge ist lebensgefährlich. Wo auch immer ich mich hinflüchte, überall kann der Blitz einschlagen. Nicht

Oben: Das Karwendel gehört zu den beliebtesten Wandergebieten der Alpen, und doch kann man sich abseits der Hütten und Hauptwanderwege von der Bergeinsamkeit verzaubern lassen.

Rechts: Wenn ich unter freiem Himmel im Gebirge übernachte, erlebe ich die frühen Morgenstunden, das weißgraue Kalkgestein erstrahlt dann in fast magischem Licht.

»Von einer wahren tiefen Leidenschaft für die Berge und das Bergsteigen werden nur wenige erfasst. Wer von ihr getrieben wird, dem geht es nicht in erster Linie darum, auf einem Gipfel zu stehen. Entscheidend ist, der Herausforderung zu begegnen, den Berg zu erleben.«

Oben: Bei Sonnenaufgang scheinen die Berge zu glühen, als sei ein Feuer in ihnen entzündet.

Unten: Wetterunbilden passieren im Gebirge meist plötzlich und überraschen den unvorsichtigen Wanderer, der dann nicht schnell genug einen geschützten Ort erreichen kann.

nur am Gipfel, auch Felsüberhänge, Höhlungen und Grotten sind tödliche Fallen. Bei Gewitterregen fließen Wasseradern durch das Gestein und ziehen Blitze an.

Der Weg zurück zur schützenden Halleranger Alm ist mir versperrt. Ich müsste das Überschalljoch queren. Dort wäre ich dem Unwetter ausgeliefert. Mir bleibt als Ausweg nur, durch das enge Tal des Vomper Bachs ins Inntal abzusteigen. Dieser Weg ist auf Karten als »Vomper Loch« verzeichnet, weil sich der Bach canyonartig in das Gestein eingegraben hat. Für die wildromantische Landschaft habe ich diesmal keinen Blick; ohne mich um die Schönheit der Natur zu kümmern, haste ich abwärts.

Ich bin noch nicht weit gekommen, als sich das Gewitter mit furchtbarer Wut entlädt. Grell fahren die Blitze durch das dunkle Wettergeschehen, im Sekundentakt dröhnt der Donnerschlag. Ich befinde mich mitten im Unwetter. Der Donner prallt von Fels zu Fels, verstärkt sich, schlägt über mir zusammen. Der Krach betäubt mich, raubt mir meinen klaren Verstand. Blitze zucken, flammen auf, schlagen knallend im Gestein ein.

Es ist aussichtslos. Ich schaffe es nicht aus der Schlucht hinaus bis ins Inntal. Fieberhaft überlege ich, wo ich am besten geschützt sein könnte. Felsüberhänge und Bäume kommen nicht in Frage, jede Erhebung muss ich vermeiden. Ich darf weder aufrecht stehen noch gehen, um dem Blitz kein Ziel zu bieten. Mit dem Regenüberhang über dem Kopf hocke ich mich einfach auf den Pfad.

In das strömende Geräusch des Regens, das Brüllen des Sturms, dem Schlag und Knall von Donner und Blitz mischt sich jetzt ein dumpfes Brausen. Ich erstarre, denn es klingt bedrohlicher als die lauten Geräusche. Ahnungsvoll schaue ich unter dem Regenponcho hervor. Eisige Bestürzung durchfährt mich. Das Vomper Bächlein hat sich in ein Ungeheuer verwandelt, in einen reißenden Strom, der das Tal fast von Wand zu Wand füllt. Der Pfad wird mir nicht mehr lange Schutz bieten können, schon ist er halb unterspült. Entwurzelte Bäume, Sträucher und abgerissene Äste treiben in der gurgelnden Flut. Es ist zu spät. Ich sitze in der Falle. Einen kurzen Moment bereue ich meinen Entschluss, mich für den Abstieg durch das Vomper Loch entschieden zu haben. Schnell verdränge ich diesen Gedanken, mir jetzt Vorwürfe zu machen, würde nur meine Kräfte schwächen. Ich brauche sie, damit ich um mein Überleben kämpfen kann. In Gefahrensituationen hat mir bisher stets geholfen, nicht in Panik zu verfallen. Ich darf sie nicht zulassen, darf nicht die Nerven verlieren. Nur kühle Überlegung kann mir jetzt noch helfen. Auf keinen Fall werde ich mich kampflos ergeben, mich nicht der Wut der Elemente beugen. Es muss eine Chance zum Überleben geben, ich muss sie nur finden.

Knapp entkommen

Von oben tobt das wildgewordene Gewässer herab, nach unten füllt das Wasser die Schlucht aus. Es wäre töricht zu warten, bis das Wasser weiter steigt und mich mit sich reißt. Als einziger Ausweg bleibt mir, die Felswand hinaufzuklettern. Der Regen peitscht mir ins Gesicht, während ich nach oben schaue. In Kaskaden springt das Wasser von den Simsen und Vorsprüngen herab. Es wird schwer werden, das Gestein ist feucht und rutschig. Doch ich darf nicht länger zögern. Wieder rast ein entwurzelter Baum dicht an mir vorbei, hätte mich fast getroffen.

Das Klettern aus Todesgefahr ist nicht vergleichbar mit der Sportkletterei, die ich sonst aus Vergnügen betreibe, bei der man sich zusammen mit einem Seilgefährten eine kletterbare Route aussucht und Sicherungen anbringt. Doch das Können, das ich dabei erworben habe, mein Gefühl für den Stein, meine Körperbalance, die Fähigkeit, feste Griffe und Tritte zu erkennen, helfen mir aus der Gefahrenzone. Von oben schaue ich hinab in die grau verschwommene Schlucht. Dort unten tobt das Hochwasser, das mir beinahe zum Verhängnis geworden wäre. Der Regen strömt noch immer, doch der Donner ist verstummt und kein Blitz zuckt mehr in den Wolken.

Oben: Ein Distelfalter holt sich lebensspendenden Nektar bei einer Silberdistel. Distelfalter überqueren, ähnlich wie Zugvögel, zweimal die Alpen, im Herbst, um im Süden zu überwintern. Im Mai des nächsten Jahres kehren sie in den Norden zurück.

Rechts: Bergblumen wetteifern untereinander mit ihrer Farbenpracht. Schwalbenwurzenzian (o.l.), Edelweiß (o.r.), Purpur-Enzian (u.r.) und Berg-Hauswurz (r.u.).

Meine Leidenschaft seit frühester Jugend: Klettern und Bergsteigen. Aus heutiger Sicht kann ich überhaupt nicht verstehen, warum ich mich beim Nachholen des Bergkameraden nicht gesichert habe.

Heimlicher Beobachter: ein Steinbock. Der Alpensteinbock war fast ausgerottet, als man in den italienischen Alpen, wo es die letzten wildlebenden Tiere gab, ein Schutzgebiet geschaffen hatte, von dem aus der Alpenraum rückbesiedelt wurde.

STURM AM CAYAMBE

Das Sonnenlicht erlischt. Dunkelheit fällt über die Welt und eine Kälte, die die letzte Erdenwärme vertreibt. Der Sturm steigert sich zum Orkan. Er fegt über den Berg, scharf und beißend, als solle nichts Lebendiges erhalten bleiben. Was habe ich mir nur dabei gedacht, bei diesen Wetterbedingungen unterwegs zu sein und noch dazu in lebensgefährlicher Höhe?

Der Wind treibt mich voran, ich befinde mich auf dem Weg zum Gletscher des 5790 Meter hohen Cayambe. Der Vulkan ist der dritthöchste Berg Ecuadors und der höchste, der sich fast direkt auf der Äquatorlinie erhebt. Auf seinem Gipfel standen erstmals 1880 der Brite Edward Whymper, berühmt als Matterhorn-Bezwinger, und seine italienischen Begleiter, die Brüder Jean Antoine und Luis Carrel. Der sehnliche Wunsch, auf den Cayambe zu steigen, befiel mich in Quito, besser gesagt auf dem 4784 Meter hohen Vulkan Pichincha. Dort, auf dem Hausberg der ecuadorianischen Hauptstadt, fiel mein Blick auf den 60 Kilometer entfernten majestätischen Cayambe, dessen strahlend weiße Gletscherkuppel sich gegen den azurblauen Himmel abhob. Seitdem wollte ich diesem beeindruckenden Berg näherkommen, auf ihn steigen, so hoch, wie es mir nur möglich wäre. Allerdings war mir von Anfang an klar, dass ich nicht allein auf den Gipfel gelangen kann. Den von Gletscherspalten durchfurchten Eispanzer ohne Sicherung durch Begleiter zu queren, wäre lebensgefährlich. Jedoch bis zur Gletscherzone, die erst in etwa 5000 Meter Höhe beginnt, wollte ich mich hinaufwagen.

Von Quito, der Hauptstadt Ecuadors, fuhr ich mit dem Bus bis zur Ortschaft Cayambe, die am Fuß des Vulkans liegt. Der Busfahrer ließ mich an der Landstraße aussteigen und zeigte mir den Feldweg, in den ich einbiegen musste. Bepackt mit meinem Rucksack folgte ich dem schmalen Weg zum Dorf. In der pulvrig-feinen Erde sah ich nur die Abdrücke nackter Füße neben den Trittsiegeln von Schafen und Ziegen. Das Muster meiner Bergschuhe nahm sich daneben fremdartig aus.

Am Fuß der Anden

Der Pfad führte an einem Bach entlang, dessen Ufer hohe Binsen und weißblühende Calla säumten. Sperlingsgroße Vögel mit quittengelbem und karminrotem Gefieder flogen zum Wasser, um zu trinken und zu baden, hüpften und zwitscherten im Geäst der angrenzenden Büsche. Unterwegs sah ich Frauen, die an dem Bach Wäsche wuschen. Sie hängten die Tücher und Röcke zum Trocknen über Büsche oder breiteten sie zu einem bunten Patchworkteppich auf der Wiese aus. Nach der Arbeit wateten sie ins Wasser, tauchten bis zum Hals unter, lachten und bespritzten sich ausgelassen.

Cayambe mit seiner weißgetünchten Kirche wirkte sonntäglich, auf der Schotterstraße und in den Gassen waren kaum Menschen zu sehen. Nur zwei Frauen mit Lasten auf dem Rücken querten den zentralen Dorfplatz. Die niedrigen Häuschen bestanden aus luftgetrockneten Adobe-Lehmziegeln, mit denen traditionell in den Andendörfern gebaut wird. Die Dächer waren mit dicken Schichten aus Maisstroh gedeckt. Heute würde ich den Ort nicht wiedererkennen. Seitdem man hier Rosen anbaut und Rosenöl produziert, hat sich das ruhige Dorf in eine betriebsame Stadt mit mehr als 30 000 Einwohnern verwandelt.

Ich durchquerte das verschlafene Cayambe auf seinen staubigen Straßen und begann mit dem Aufstieg über karge Matten, die mit harten Gräsern, Binsen und Sträuchern bewachsen waren. Tief herabhängende Wolken versperrten mir den Blick auf den Vulkan, meinem ersehnten Ziel.

Menschen, die nicht das Bedürfnis verspüren, beim Anblick eines Berges auf seinem Gipfel zu stehen, können meist nicht verstehen, warum man sich diese schweißtreibende Mühsal antut. Warum nimmt man das Risiko auf sich, abzustürzen, unter Lawinen begraben, von Steinen erschlagen oder in Eisspalten elendlich umzukommen? Auf die verständnislose Frage »Warum macht ihr das?« haben Alpinisten eine treffliche Antwort parat, die jede weitere Frage im Keim erstickt: »Weil die Berge da sind.« Dieser Satz stammt von dem britischen Alpinisten George Mallory, der 1924 am Mount Everest tödlich verunglückte.

Sicherlich wandern heutzutage viele Menschen im Gebirge, freuen sich an der Aussicht, lassen sich in Berggasthäusern verwöhnen und übernachten in Hütten. Sie bleiben jedoch stets in ihrer gewohnten Komfortzone. Von einer

Oben: Die Anden erheben sich wie eine gewaltige Festungsmauer zwischen der Pazifikküste und dem Amazonastiefland.

Unten: Die von Wind und Wetter gebleichte Wurzel entdeckte ich bei meinem Aufstieg zum Gletscher in etwa 5000 Meter Höhe.

wahren tiefen Leidenschaft für die Berge und das Bergsteigen werden hingegen nur wenige erfasst. Wer von ihr getrieben wird, dem geht es nicht in erster Linie darum, auf einem Gipfel zu stehen. Das Gipfelerlebnis ist zwar auch wichtig, entscheidend aber ist, der Herausforderung zu begegnen, den Berg zu erleben, sich mit ihm auseinanderzusetzen.

Meine Leidenschaft für die Berge muss angeboren sein, denn die Lust am Bergsteigen spürte ich schon, als ich mit zwölf Jahren zum ersten Mal ein Hochgebirge sah. Meine Eltern waren damals mit uns Geschwistern zum Verwandtenbesuch nach Polen gereist. An einem Tag unternahmen wir einen Familienausflug ins Riesengebirge. Da waren sie – meine Berge! Mein Herz schlug heftig, ich kann mich noch immer an dieses ergreifende Gefühl erinnern, als sei es eben erst gewesen. Sofort wusste ich, dass es »meine Berge« sind, dass sie mir gehören. Da will ich hinauf, dachte ich, dort möchte ich von einem Gipfel zum anderen wandern.

Aufstieg in die Einsamkeit

Das Riesengebirge erstreckt sich mit seinem Hauptkamm auf der Grenze zwischen Polen und Tschechien und erreicht mit der Schneekoppe eine maximale Höhe von 1603 Metern. Mein Vater erzählte uns Kindern die Sage vom Berggeist Rübezahl, der in diesem Gebirge herrscht. Er sei den Menschen freundlich gesinnt, reagiere aber ungemütlich und rachsüchtig, wenn er verspottet wird. »Also achtet stets darauf, was ihr sagt«, warnte er uns. Ich wollte immer noch mehr Geschichten hören, und sobald ich erfuhr, dass im Riesengebirge die Elbe entspringt, wollte ich unbedingt zu ihrer Quelle wandern. Meine Fantasie malte mir die wunderbarsten Bilder aus, als uns mein Vater den Elbfall beschrieb. Der imposante Wasserfall stürzt auf tschechischer Seite in der Nähe von Špindlerův Mlýn – auf Deutsch Spindlermühle – auf 1400 Meter Höhe in die Tiefe.

Die Eltern fuhren jedoch mit uns mit einer Gondel zu einer Aussichtsplattform hinauf, und nach viel zu kurzer Zeit ging es wieder zurück ins Tal. Es war ein heftiger Schmerz, der sich mir tief eingrub. Kaum hatte ich meine Berge gesehen, musste ich sie schon wieder verlassen, durfte ihnen nicht nahekommen. Nie geht es mir um eine schöne Aussicht, sondern von Anfang an wollte ich mich mit den Bergen eins fühlen, in diese wilde Urlandschaft eintauchen. Und diese Leidenschaft hat mich nie wieder verlassen.

Während mir diese Erinnerungen durch den Kopf gingen, stieg ich höher. Einsamkeit umfing mich. An den steilen Hängen hatten die Bewohner Cayambes und der umliegenden Dörfer winzige Parzellen mit Kartoffeln bepflanzt. Auf anderen Flächen war die strauchige harte Vegetation verbrannt worden. Wahrscheinlich hatte man sie angezündet, damit saftiges Gras für das Vieh nachwächst oder um das Pflügen zu erleichtern. Der Gipfel blieb während meines Aufstiegs hinter Wolkenbänken verborgen.

Unter Andinisten gilt der Cayambe wegen seines vergletscherten Gipfelaufbaus als schwierig zu besteigender, gefährlicher Berg. Zwischen Eistürmen und steilen Wänden muss ein Durchgang gefunden werden, der sich durch die

Oben: Gleißend schimmert die Schneekappe des Chimborazo, mit 6267 Metern der höchste Berg Ecuadors. Schon Alexander von Humboldt war bei seiner Südamerikareise von diesem gewaltigen, erloschenen Vulkan beeindruckt.

Unten: In Ecuador lebt die indigene Bevölkerung in den Anden auf über 2000 bis 3500 Höhenmetern weitgehend auf traditionelle Weise.

Bewegung des Eises ständig verändert. In etwa 4600 Meter Höhe, dort wo der Gletscher beginnt, steht inzwischen eine Hütte, in der man übernachten kann. Damals war sie noch nicht gebaut worden, und ich konnte den Berg ohne menschliche Spuren erleben.

Als es dunkelte, war ich noch weit entfernt von der Eiskappe. Am Hang suchte ich mir das ebenste Stück Boden, das ich finden konnte, und entrollte die Isomatte. Ich hatte weder Zelt noch Kocher dabei, da ich ursprünglich geplant hatte, nur den berühmten Indio-Markt von Otavalo zu besuchen und ein wenig in den Anden zu wandern. Zur Besteigung des Cayambe hatte ich mich spontan entschlossen. Meine Outdoor-Ausrüstung war also nicht allzu schwer, dafür war mein Fotogepäck umso umfangreicher. Meine zwei Spiegelreflex-Kameras, Zoom, Weitwinkel, Makro und die Filme wogen mehrere Kilos.

Eine kalte Nacht

Mit voller Bekleidung kroch ich in den Schlafsack. Die Sonne, die mich beim Aufstieg gewärmt hatte, versank im Wolkendunst. Sofort spürte ich die Eiseskälte. Im Schlafsack liegend aß ich ein wenig Brot mit Käse und trank aus meiner Wasserflasche. Appetit hatte ich kaum, ein Zeichen, dass ich zu schnell aufgestiegen war.

Tief kuschelte ich mich in den Schlafsack. Ich fühlte mich sicher und hatte nicht die geringste Befürchtung, dass mich nachts jemand stören könnte, denn die Bewohner der Siedlung würden nicht so weit heraufsteigen. Seltsam, weder vor Tieren noch vor Naturgewalt fürchte ich mich, sondern vor meiner eigenen Art. Wilde Tiere können gefährlich sein, doch wie sie sich verhalten werden, ist für mich als Biologin erkennbar, dementsprechend kann ich reagieren. Männern jedoch, die mir Übles wollen, bin ich wehrlos ausgeliefert. Der Einsatz von Pfefferspray würde mir in weltabgeschiedener Gegend, wo ich nirgendwo Zuflucht finden würde, nichts nützen. Ein Messer würde mir aus der Hand gewunden und gegen mich eingesetzt werden. Meine einzige Waffe, die mich bislang geschützt hat, ist die Sprache. Deshalb lerne ich möglichst die Landessprache, um mich mit Worten verteidigen zu können.

Lange dauert die Nacht. Der Sturm wütet, dröhnt wie das Triebwerk eines Düsenjägers. Längst habe ich es aufgegeben, die Taschenlampe anzuschalten und auf die Uhr zu schauen. Ich bin nur noch ein zitterndes Bündel, rolle mich wie ein Embryo zusammen. Die Kälte kriecht tief in meinen Körper hinein.

Endlich wird es Tag. Ich weiß nicht, ob ich überhaupt geschlafen habe. Ein motivierender Blick auf den Cayambe bleibt mir verwehrt. Er hüllt sich noch immer in Wolken. Der Wind faucht, nass, schneeig, eisig.

Mit Wurzeln, verholzten Stängeln, dürrem Gras und Gesträuch entfache ich ein Feuer, um mit heißem Tee meine Lebensgeister zu wecken. Ich nehme mir Zeit, das heiße Getränk schlückchenweise zu trinken. Es ist wichtig, beim Höhenbergsteigen ausreichend Flüssigkeit zu sich zu nehmen, um der gefährlichen Höhenkrankheit vorzubeugen.

Ich steige weiter bergauf. Der Sturm tobt, heult und zerrt an mir, versucht mich umzuwerfen. Es scheint, als habe er sich mit dem Cayambe verbündet, um mich Eindringling zu vertreiben. Die Gegend ist öde. Kaum noch Vegetation, harte Polsterpflanzen, bräunliche Gräser und blattlose Binsenstängel, dann nur noch mit Flechten bedeckte Steine.

Ich trage wärmende Kleidung, mein Gesicht ist jedoch dem peitschenden Wind schutzlos ausgesetzt, wird wie von einem Reibeisen aufgeraut. Mit einem Schal umwinde ich die untere Gesichtshälfte bis zu den Augen und ziehe Mütze und Kapuze des Daunenanoraks weit in die Stirn. Beim Gehen halte ich den Kopf gesenkt, sorgsam auf meine Schritte achtend.

Die Kopfschmerzen werden stärker, ein Zeichen, dass ich zu schnell auf zu große Höhe aufgestiegen bin. Schlapp fühle ich mich und müde, atme keuchend. Dennoch kämpfe

Der Ruminahui ragt als monolithischer Block aus der Hochebene, dem *Paramo*, empor. Der Name des Berges bedeutet übersetzt »Steingesicht«.

Die indigene Bevölkerung in den Anden lebt vom Feldanbau und ihren Tieren, wobei Schafe, Ziegen und Kühe erst von den Spaniern ins Land gebracht wurden. Außer Lamas, Alpakas und Meerschweinchen gab es davor keine anderen Haustiere.

Bergregenwald am 5016 Meter hohem Tungurahua. Der Vulkan erhebt sich nahe der Abbruchkante zum Amazonas. Von dort steigt warme und feuchte Luft auf und erlaubt tropisches Pflanzenwachstum.

ich mich vorwärts. Natürlich könnte ich einfach umkehren, wegen des stürmischen Wetters die Besteigung abbrechen. Für mich ist die Begegnung mit diesem Berg aber eine Herausforderung. Es bereitet mir Freude, mich selbst zu überwinden.

Hinter einem Steinblock finde ich Schutz. Erschöpft hocke ich mich nieder. In der Innentasche meiner Daunenjacke habe ich die Flasche mit dem am Morgen auf Vorrat gekochten Tee warmgehalten. Obwohl ich keinen Durst verspüre, zwinge ich mich zum Trinken. Durch die Anstrengung ist die Atmung intensiviert, und da man beim Ausatmen immer auch Feuchtigkeit abgibt, wird der Körper allmählich ausgetrocknet. Zudem wird in der Höhe die Produktion der roten Blutkörperchen angekurbelt, um mehr Sauerstoff aufnehmen zu können. Die Zunahme der Blutzellen verdickt das Blut, das durch Trinken verdünnt werden muss.

Ob es noch weit ist zum Gletscher? Bei guter Sicht würde es mehr Spaß machen. Der Sturm zerrt an meinen Nerven. Eigentlich mag ich es ja, wenn es bläst – aber dieser Wind hier wütet wie wahnsinnig und zehrt meine Kräfte auf. Eigentlich hätte er längst den Himmel frei blasen müssen. Die Hoffnung, dass ich doch noch die strahlende Schneekappe des Cayambe sehe, lässt mich durchhalten.

Es knirscht unter meinen Bergschuhen. Eis! Ich habe die Gletscherzone erreicht. Weiterzugehen ist unmöglich, meine Sicht reicht kaum zehn Meter weit, und noch immer ist der Gipfel unsichtbar.

Fast am Ziel

Im Dämmerlicht des Abends steige ich ein paar Meter abwärts, suche mir zwischen Felsen einen windgeschützten Platz, eine kleine Kuhle, in der ich mich in meinem Schlafsack zusammenrolle. Eine Nacht noch will ich durchhalten, auch weil es zum Abstieg bereits zu dunkel ist. Und vielleicht werde ich morgen früh von einem im Sonnenlicht glitzernden Schneegipfel belohnt.

Die zweite Nacht. Sie dauert zwölf nicht enden wollende Stunden, denn am Äquator beginnt die Dunkelheit um 18 Uhr und erst gegen sechs Uhr dämmert der neue Tag. Die Kälte kriecht trotz Daunensack, Daunenjacke, Daunenhose, Daunensocken, Mütze und Handschuhe in meinen Körper. Ich bin nur noch ein zitterndes Bündel. Und dennoch empfinde ich die Kälte nicht mehr so quälend wie in der vorherigen Nacht. Die Erschöpfung macht mich gleichgültig und unempfindlicher, ich verfalle in einen lethargischen Dämmerzustand. Ich muss mich zwingen, wach zu bleiben, denn im Schlaf könnte ich zu stark auskühlen und nicht mehr aufwachen.

Schon einmal war ich einer tödlichen Unterkühlung nahegekommen. Deshalb weiß ich, dass man ab einem bestimmten Punkt die Kälte nicht mehr spürt. Dieser allerletzte Moment des Erfrierens ist nicht quälend – im Gegenteil. Der Körper mobilisiert seine letzten Reserven, sodass einen wohlige Wärme durchströmt und man glückselig in den Tod hinübergleitet. Obwohl viele Jahrzehnte vergangen sind, erinnere ich mich noch gut an dieses Erlebnis. Ich muss etwa zwölf Jahre alt gewesen sein und wollte für eine Expedition zum Südpol trainieren. Weil es bei uns auch im Winter nicht so kalt wird wie am Pol, legte ich mich nur mit einem Schlafanzug bekleidet in einer Winternacht auf den Balkon. Sicherlich wäre ich erfroren. Meine Mutter schaute jedoch an diesem Abend noch einmal ins Kinderzimmer. Sie wollte die Balkontür schließen, da durch die angelehnte Tür Schnee hereinwehte. Da entdeckte sie mich gerade noch rechtzeitig und rettete mir so das Leben.

Die damalige Erfahrung bestärkt mich, gegen den lethargischen Zustand anzukämpfen. Sobald ich wegzudämmern drohe, krieche ich aus der warmen Kuhle und hüpfe umher, um munter zu werden und meinen Kreislauf in Schwung zu bringen.

Irgendwann wird es hell. Der Schlafsack ist mit Eiskristallen bedeckt und ringsum leuchtet es weiß. Über Nacht

Gewaltige Wasser stürzen vom Andenhochland ins Tiefland des Amazonasbeckens. Der mächtige Fall beim Ort Baños ist ein fotogenes Naturschauspiel.

sind weiche Schneeflocken herabgerieselt. Vom Cayambe jedoch ist noch immer nichts zu sehen. Länger kann ich hier oben nicht warten.

Ich steige ab. Je tiefer ich komme, umso besser geht es mir. Erst jetzt kann ich ermessen, wie mir Höhe, Kälte und Sturm zugesetzt haben. Als würde sich mein Körper verjüngen, strömen mir neue Kräfte zu. Leichtfüßig und übermütig springe ich den Hang hinab. Wärme durchflutet mich, lebendige Wärme.

Am nächsten Tag wandere ich über die Paramo-Hochebene nach Süden. Als ich bereits einige Kilometer entfernt bin, zeigt sich der Cayambe im strahlenden Licht. Wie durch Zauberhand ist das Wolkenmeer verschwunden. Was für ein Berg! Gewaltig ragt er über der kargen Ebene auf. Weich und weiß wölbt sich die schimmernde Schneekappe über den Gipfel.

Ich empfinde es nicht als Niederlage früh abgestiegen zu sein und sein eisiges Haupt nicht betreten zu haben. Jeder Berg hat unendlich viele Gesichter. Das Sturmgesicht des Cayambe zu erleben, war die Anstrengung wert. Ich werde ihn in meiner Erinnerung als einen gewalttätigen, verschlossenen Berg bewahren, der mir sein unverhülltes Antlitz nicht aus der Nähe zeigen wollte.

FASZINATION WÜSTE

Spanien, Namibia und Jemen

Die Namib-Dünen beim Sossusvlei. Die Sandberge sind über 300 Meter hoch und gehören zu der schönsten und auch der ältesten Wüste der Welt. Die rote Farbe des Sandes bildet sich durch Eisenoxid.

COTO DOÑANA – MEIN ERSTES WÜSTENERLEBNIS

Als Schulkind las ich das Buch »In geheimer Mission durch die Wüste Gobi« von Fritz Mühlenweg – sofort war ich unheilbar infiziert. Das wollte ich auch erleben: waghalsige Expeditionen in unerforschte Gebiete, grandiose Landschaften und extremes Klima.

Später verschlang ich als Jugendliche die Reisebeschreibungen des Geographen und Entdeckungsreisenden Sven Hedin, der mit Kamelen die Gobi und die Taklamakan durchquert hatte. Hitze und Durst würden mich nicht schrecken, davon war ich überzeugt.

Wenn mich die Sehnsucht nach der Wüste übermannte, übte ich, wie lange ich es ohne zu trinken aushalten würde. Meine Eltern waren ratlos, wenn ihre älteste Tochter wieder einmal »Wüstentraining« betrieb. Was macht man mit einem Kind, das absichtlich nicht trinkt, um sich auf Wüstenabenteuer vorzubereiten? Meinen Eltern blieb nur die Hoffnung, dass ich irgendwann vernünftig werden würde.

Wenn ich als Schulkind während der »Großen Ferien« ins Kinderlager an die Ostsee geschickt wurde, legte ich mich zwischen die Dünen, lauschte dem Säuseln des Windes im Strandhafer und spürte die Hitze, die von meinem Körper Besitz ergriff. Von meiner Zukunft als Forscherin träumend, zählte ich die Wüsten auf, die ich durchqueren wollte: Gobi, Atacama, Sahara, Taklamakan, und berauschte mich am Klang dieser Sehnsuchtsworte.

Zunächst führten mich meine Reisen in Urwälder und ins Hochgebirge, doch die Ahnung von der Faszination Wüste wirkte weiter in mir fort. Die erste Wüste, die ich kennenlernte und durchstreifte, ähnelte der Dünenlandschaft, die ich als Kind im Ferienlager erlebt hatte. Allerdings ist sie größer und gewaltiger. Sie liegt in Südspanien im Nationalpark Coto Doñana, der das Mündungsgebiet des Guadalquivir schützend umgibt. Bekannt ist diese einzigartige Naturoase als Überwinterungsplatz für Vögel aus dem Norden Europas, aber auch als Zwischenstopp für Zugvögel, die weiter nach Afrika fliegen. Im sumpfigen Delta des längsten Flusses Andalusiens wimmelt es von Enten, Gänsen, Störchen, Bekassinen und anderen Watvögeln. Doch neben dem Marschland, das auf Spanisch marisma heißt, hat die Coto Doñana noch mehr zu bieten: eine Wüste mit 40 Meter hohen Sandbergen, die das Überschwemmungsgebiet gegen die Meeresküste abgrenzen.

In Sevilla erhalte ich vom Direktorium des Nationalparks ein *permiso*. Mit dieser schriftlichen Erlaubnis darf ich durch das Dünengebiet wandern, das sonst für Besucher gesperrt ist. Zum ersten Mal kann ich mich in einer Wüste erproben und Erfahrungen sammeln.

Von Sevilla aus fahre ich mit dem Bus bis El Rocío. Das 800-Seelen-Dorf, dessen Name »Morgentau« bedeutet, ist ein in ganz Spanien berühmter Wallfahrtsort. In der Wallfahrtskirche leuchtet mir am Altar die über und über mit Gold geschmückte Jungfrau Maria entgegen, für eine einfache Dorfkirche ein ungewöhnlicher Anblick. Zu dieser Figur strömt alljährlich über eine Million Pilger aus Spanien und dem Ausland. Sie kommen zu Pferde, mit Kutschen und mit Planwagen. Auf einer früheren Reise durch Andalusien konnte ich dieses unvergessliche Fest erleben. Die Frauen mit ihren farbenprächtigen Flamenco-Gewändern und die Männer in ihrer traditionellen Tracht begeisterten mich.

Von El Rocío wandere ich ein paar Kilometer an der westlichen Grenze des Nationalparks entlang, um am Meer mein Wüstenerlebnis zu beginnen. Der Direktor, von dem ich die Sondererlaubnis erhielt, war erstaunt, dass ich mich für den riesigen »Sandkasten« interessiere. Gerade für eine Biologin sei doch das Feuchtgebiet im Herzen des Parks mit seiner vielfältigen Vogelwelt verlockender, meinte er. Mich aber beeindruckt der Gegensatz von Wüste und Wasserwelt. Scharf und ohne Übergang treffen die so unterschiedlichen Lebensräume in der Coto Doñana aufeinander. Ich will von der Atlantikküste aus die Sandwüste von Süd nach Nord durchqueren, bis ich auf das Sumpfland treffen werde.

Ein frischer Wind weht mir vom Meer entgegen. Der Strand, an den die Wellen anbranden, ist von Muscheln übersät. Dieser Küstenabschnitt an der Costa de la Luz ist menschenleer. Zwischen dem Ferienort Matalascañas und Sanlúcar de Barrameda ist auf 40 Kilometer Länge ein letztes Stück unbeeinflusste Natur erhalten geblieben.

Oben: Rast im Sandmeer der Coto Doñana. Erschöpft vom anstrengenden Gehen auf weichem Untergrund, stärke ich mich mit einem Imbiss.

Unten: Mein Zelt schützt mich vor der Kälte der Nacht, denn wie in jeder Wüste fällt die Temperatur wegen fehlender Vegetation stark ab, auch hier im Süden Spaniens.

Rechts der Atlantik, links die Dünen, den weiten Blick übers Meer genießend, gehe ich einige Kilometer am Strand entlang. Was verbirgt sich hinter den Dünen, was erwartet mich dort? Ich kann mich nicht so schnell entschließen, mich vom kühlenden Meereswind zu verabschieden und der sengenden Hitze auszusetzen. Doch dann siegt die Neugier, und ich wage die ersten Schritte hinein in das Sandmeer.

Es ist heiß. Die Sonne schickt ihre sengenden Strahlen auf die Erde, die von keiner Vegetation beschattet wird. Der Sand knirscht unter meinen Schuhen, die in die weiche Oberfläche einsinken. Als ich hinter mich blicke, bin ich betroffen von der tiefen Spur, die ich hinterlasse. Es erscheint mir wie ein Sakrileg, dass ich die unberührte Reinheit zerstöre. Schnell tröste ich mich, dass der ständig wehende Wind meine Tritte bald verweht haben wird.

Das Gehen auf dem weichen Untergrund ist anstrengender als ich gedacht habe. Nicht nur, dass ich bei jedem Schritt tief einsinke, es dringt auch Sand von oben in meine Wanderstiefel und reibt meine Füße wund. Immer wieder hocke ich mich nieder und schüttele die Schuhe aus. Gerne würde ich länger rasten, doch die Sonne brennt erbarmungslos herab, aber nirgendwo findet sich ein schattiges Plätzchen.

Geschaffen von Wind und Meer

Endlich versinkt die Sonne am Horizont. Erleichtert breite ich den Schlafsack aus, krieche hinein, denn nachts wird es empfindlich kalt, und schlafe ungestört mit dem Sternenhimmel über mir.

Am nächsten Tag beeile ich mich mit dem Zusammenpacken, denn in der Kühle des Morgens geht es sich angenehmer. Ich komme gut voran, durch den Tau hat sich die oberste Sandschicht verfestigt.

Der Wind bläst aus südlicher Richtung und lässt die Dünen wandern. Mehrere Meter pro Jahr bewegen sie sich vorwärts und werden erst vom sumpfigen Delta gestoppt. Sie entstanden durch Sedimente, die der Guadalquivir ins Meer spülte. Von den Wellen feinst zerrieben, wurden sie am Strand abgelagert, wo der Wind sich ihrer annahm und Sandkorn um Sandkorn zu 40 Meter hohen Bergen auftürmte.

Einst war die Coto Doñana königliches Jagdrevier. König Alfons der Weise und Ferdinand der Katholische jagten hier Hirsche und Wasservögel. König Sancho IV. schenkte das Gebiet 1296 seinem Gefolgsmann Pérez de Guzmán als Belohnung für dessen heldenhafte Verteidigung der Festung von Tarifa gegen anstürmende Araber. Danach geriet das Gebiet in den Besitz wechselnder Adelsgeschlechter. Schließlich erwarb es der Herzog von Medina-Sidonia. Seine Gemahlin Doña Ana, die Einsamkeit und Stille liebte, erkor es zu ihrem Rückzugsgebiet. Noch heute trägt es ihren Namen.

Mit Sicherheit hat die jahrelange Nutzung als Jagdrevier zum Erhalt der Region entscheidend beigetragen, denn so war es vor Trockenlegung geschützt. Im 20. Jahrhundert machte der technische Fortschritt auch vor Spanien nicht

Scheinbar endloses Sandmeer in der Coto Doñana in Andalusien. Die vom Wind geformten Dünen reichen kilometerweit ins Land hinein und wandern immer weiter.

mehr Halt, überall im Land wurde investiert und die Natur zerstört. Auch für die Coto Doñana gab es Erschließungspläne. Gerade noch rechtzeitig erkannten Naturschützer ihre Bedeutung als unersetzbares Refugium für europäische Zugvögel. Mit Hilfe des Word Wildlife Fund konnte 1964 endlich das Schutzgebiet eingerichtet werden. 1969 wurde es zum Nationalpark deklariert. Die Morgenkühle ist längst verflogen. Die Sonne brennt senkrecht vom Himmel. Immer weiter dringe ich in das Reich der Wanderdünen vor. Die Reinheit der vom Wind geformten Berge verzaubert mich. Es herrscht eine Stille, als wäre alles Leben im Sand versunken. Allmählich erlahmen meine Kräfte, gern würde ich mich ausruhen, doch ohne Schatten ist dies unmöglich. Unter mir glühend heißer Sand, über mir die gleißende Sonne bei einer Lufttemperatur von 45 Grad Celsius. Deshalb benötige ich die leichte Abkühlung, die beim Gehen entsteht.

Kostbarer Schatten

Von einem Dünenkamm blicke ich hinab in eine Senke. Eingerahmt von zwei Sandbergen leuchtet es Grün dort unten. Es ist ein Kiefernwäldchen. Erleichtert setze ich mich in den Schatten der schirmförmigen Kronen, schüttele den Sand aus den Schuhen, hole meine Wegzehrung aus dem Rucksack und die Wasserflasche hervor. Als ich mich gestärkt und erholt habe, schaue ich mich um. Wie gelingt es diesen Schirmpinien mitten im Sand zu überleben? Sie müssen mit ihren Wurzeln bis zum Grundwasser vordringen, denn der Tau allein wird ihnen wenig nützen.

Unaufhaltsam weht der Wind Sand in die Senke. Einige Föhren sind bereits bis zur Krone verschüttet. Bei diesem Anblick wird mir klar, dass die Bäume zum Tod verurteilt sind. Sie sterben lautlos durch die winzigen Sandkörner, die sie langsam und unerbittlich unter sich begraben.

Ich wandere weiter, steige den sandigen Hang zum nächsten Kamm hinauf. Auch hier steht unten ein Föhrenwald. Die Wanderdünen verlaufen in vier oder fünf paralle-

Oben: Der Schwalbenschwanz-Schmetterlingshaft lebt in Trockengebieten, ernährt sich von Pollen und ist verwandt mit den Ameisenjungfern.

Unten: Leben im Sand: Reptilien vertragen Hitze und Trockenheit recht gut.

len Reihen, zwischen denen jeweils eine grüne Senke liegt. Manchmal gelingt es den Bäumen, die Sandflut zu überleben, wenn ihr Wipfel und einige ihrer Zweige unbedeckt bleiben und sie weiter Photosynthese betreiben können.

Nach Jahrzehnten, wenn die Düne weitergewandert ist, legt der Wind die Bäume wieder frei. Aber wie sehen sie dann aus? Mich erschüttert der traurige Anblick. Baumgerippe strecken ihre vertrockneten Äste der brennenden Sonne und dem blauen Himmel entgegen. Einige der toten Bäume ähneln Kreuzen, sodass der einstige Wald nun an einen Friedhof erinnert.

Am Abend bereite ich mein Lager in einem noch lebenden Föhrenwald. Im Schlafsack liegend bemerke ich, wie in der sinkenden Temperatur der Dämmerung das Leben erwacht, das sich tagsüber verborgen hielt. Käfer krabbeln hervor, Schwebfliegen taumeln durch die Luft, sogar mottenartige Falter gaukeln herum.

Leben im Sand

Am nächsten Morgen bedecken zahlreiche Tierspuren den Sand. Wie viele Arten doch in dieser lebensfeindlichen Wüstenwelt existieren. Ich nehme mir Zeit, die Spuren genau zu betrachten, und versuche zu erraten, welche Tiere in der Nacht an meinem Lager vorbeigelaufen sind. Einfach sind die filigranen Abdrücke von Käfern zu identifizieren, wie Perlenschnüre ziehen sie sich um einzelne Seegrasbüschel. Kaninchen hoppelten durch den Sand. Mäuse, Eidechsen und Vögel haben zarte Muster eingedrückt. Breite Fährten hingegen haben Hirsche hinterlassen und die Wildschweine, die nachts aus den Kieferwäldern zum Meer ziehen, um im angespülten Treibgut nach Fressbarem zu suchen. Fuchsspuren sind besonders zahlreich.

Aber dann entdecke ich eine mir unbekannte Spur und folge ihr weit über die Dünen. Es muss ein katzengroßes Tier sein, mit breiten Tatzen. Vielleicht ein Luchs? In Südspanien gibt es den Pardelluchs, eine kleine Variante des europäischen Luchses. Er ist so selten geworden, dass sein Aussterben wohl nicht mehr zu verhindern ist. Die Spur ist im vom Tau feuchten Sand gut sichtbar. Ich erkenne fingerartige Zehen und einen runden Ballen. Meine Ausdauer wird belohnt, plötzlich huscht ein braunes Pelztier aus einem Fichtenwäldchen heraus. An seinen geschmeidigen Bewegungen erkenne ich es sofort. Es ist kein Pardelluchs, sondern eine Manguste. Diese Schleichkatzenart ist eigentlich in Afrika zu Hause und wurde vielleicht in früheren Zeiten zur Bekämpfung der Schlangen ausgesetzt. Denn das Ichneumon, wie die Manguste auch bezeichnet wird, kann blitzschnell zupacken und auch giftige Schlangen überwältigen.

Von einem letzten hohen Dünenkamm erblicke ich Wasser. Ohne Übergang beginnt das sumpfige Grün und erstreckt sich bis zum Horizont. Ich setze mich auf den Sand nieder, raste eine Weile und bin froh, die Wüste bewältigt zu haben. Über mir fliegen Graugänse zu einem entfernten Gewässer.

Am nächsten Morgen steige ich hinunter zum Feuchtgebiet, wandere an ihm entlang und auf hölzernen Planken bis in sein Herz zur Lagune de Santa Olaya. Noch nie habe ich so viele verschiedene Vogelarten an einem Ort gesehen: Uferläufer, Kiebitze, Sichler, Kampfläufer, Rotschenkel und sogar Flamingos. Durch den dunstigen Nebel schimmert die aufsteigende Sonne rötlich blass. In Keilformation und laut schnatternd fliegen immer neue Schwärme von Graugänsen ins Marschland hinein. Sie haben die Nacht in den Dünen verbracht, durch einen Wachtposten vor anschleichenden Füchsen geschützt. Eine Herde wilder Pferde zieht langsam vom Kamm einer Düne zur Äsung in den Sumpf. Weiter hinten, zwischen glitzernden Wasserflächen, erkenne ich dunkle Punkte. Es sind Stiere, die wild und frei leben. Seit Jahrhunderten schon bietet die Coto Doñana ihnen Zuflucht. Im Verhalten und mit ihren weit geschwungenen Hörnern ähneln sie ein wenig ihrem ausgestorbenen Vorfahren, dem Auerochsen.

Oben: Die Hirschkuh muss heutzutage im Nationalpark Coto Doñana nicht mehr um ihr Leben fürchten, so wie früher, als das Gebiet königliches Jagdrevier war.

Links: Die Spur eines Kaninchens, einer der zahlreichen Bewohner der nur scheinbar lebensfeindlichen Wüste. Jeden Morgen bin ich überrascht, wie viele Tiere ihre Trittsiegel in der Nähe meines Zeltes hinterlassen haben.

NAMIB – DIE ROTE WÜSTE

Wüsten gelten gemeinhin als trostloses Ödland, als unfruchtbar und lebensfeindlich. Am Tag herrscht brütende Hitze und nachts eisige Kälte. Da keine Vegetation den Boden schützt, entweicht die tagsüber von der Sonne aufgeheizte Luft in den Weltraum. Neben den extremen Temperaturschwankungen sind Wüsten vor allem dadurch definiert, dass in ihnen wenig oder gar kein Regen fällt und kaum fünf Prozent der Fläche von Pflanzen bedeckt sind.

Doch Wüste ist nicht gleich Wüste. Bevor ich die Wüsten unserer Erde mit eigenen Augen sah, ahnte ich nicht, wie verschieden gestaltet sie sein können. Automatisch denken wir an Sand und hohe Dünen, doch meist bestehen Wüsten aus Steinen und Geröll, aus Salz oder Felsgestein. Und nicht zuletzt gibt es auch Eiswüsten – mit einer Fläche von 13 200 Quadratkilometern ist die Antarktis die größte Wüste der Erde.

Wüsten entstehen durch Klimaveränderungen. Diese wurden in der Vergangenheit durch das Auseinanderbrechen der Kontinentalplatten hervorgerufen, aber auch durch die Änderung der zirkularen Windsysteme, den Wechsel von kalten und warmen Meeresströmungen und durch eine Verschiebung der Erdachsenneigung, wodurch sich die Sonneneinstrahlung verändert. Heute sind auch menschengemachte Einflüsse die Ursache für Verwüstung, sei es Überweidung, das Abholzen der Wälder oder der übermäßige Ausstoß von Treibhausgasen.

Fröstelnder Start

Eine der ältesten, trockensten und für mich eine der schönsten Wüsten der Erde ist die Namib in Namibia, das sich nach dieser besonders fotogenen Wüste benannt hat. In der Sprache der Nama bedeutet ihr Name »das Nichts« oder »Ort, wo nichts ist«. Ein solches Prädikat ist für Wüsten keineswegs selten, wie das Beispiel der Rub al-Chali zeigt. Der Name dieser größten Wüste Arabiens bedeutet »Leeres Viertel«. Allerdings werden solche Beschreibungen weder der Namib noch anderen Wüsten gerecht. Sie sind sicherlich lebensfeindliche Gebiete, dennoch haben es Lebewesen geschafft, sich ihren extremen Bedingungen anzupassen. Pflanzen und Tiere, die sich diesen Lebensraum erkoren haben, sind gerade wegen dieser Anpassungen höchst interessant und überraschen mit ihren speziellen Verhaltensweisen. Für mich als Wüstenbegeisterte war klar, dass ich während meiner Namibia-Reise der Namib reichlich Zeit widmen würde.

Namibia ist doppelt so groß wie Deutschland, hat aber nur gut zwei Millionen Einwohner. Dass so wenige Menschen in dem riesigen Land leben, liegt auch an der Namib, die beträchtlichen Raum beansprucht und nicht besiedelt werden kann. Sie beginnt direkt am Atlantik und zieht sich als etwa 200 Kilometer breiter Wüstenstreifen rund 2000 Kilometer entlang der Küste von der Südspitze Afrikas bis nach Angola.

Als Küstenwüste ist die Namib ähnlich wie die Atacama in Südamerika durch eine kalte Meeresströmung entstanden. Bei der Atacama ist es der Humboldtstrom, bei der Namib der Benguela-Strom. Beide führen aus der Antarktis bis in Äquatornähe kaltes Meerwasser, das die Lufttemperatur abkühlt. Die kalte, aber trockene Luft ist schwerer als die von der Sonne erwärmte und feuchte Luft und lagert sich unter dieser ab. Diese Luftschichtung ist sehr stabil, vermischt und ändert sich kaum. Weil nur in der oberen, aber durch die kalte Luft isolierten Schicht genügend Feuchtigkeit enthalten ist, dass sich Regenwolken bilden könnten, regnet es in der Namib so gut wie nie.

In Windhoek, Namibias Hauptstadt, bin ich gelandet, von dort fahre ich mit einem der täglichen Busse nach Swakopmund an die Atlantikküste. Der Ort ist nach dem Fluss Swakop benannt, der hier ins Meer mündet. Oft versickert ein großer Teil des Wassers bereits vorher im Untergrund.

Swakopmund ist die zweitgrößte Stadt nach Windhoek, hat aber nur 44 000 Einwohner und ist die am meisten deutsch geprägte Stadt des Landes. Von 1884 bis Ende des Ersten Weltkriegs war das heutige Namibia die deutsche Kolonie »Südwest-Afrika«. Heute leben knapp fünf Prozent Weiße im Land, vor allem deutscher, englischer, holländischer und südafrikanischer Herkunft.

In Swakopmund allerdings haben 20 Prozent der Bewohner europäische Vorfahren, denn wegen des kühlen Klimas verbringen ältere Leute hier gern ihren Lebensabend, nachdem sie ihre Farm den Kindern übergeben oder sie an Nachfolger verkauft haben.

Oben: Am eindruckvollsten wirkt die Namib-Wüste sehr früh am Morgen, wenn der rote Sand unter den Strahlen der aufgehenden Sonne aufglüht.

Unten: Während seine Verwandten in tropischen Wäldern leben, hat sich das Wüstenchamäleon an einen trockenen Lebensraum angepasst. Die einzige Wasserzufuhr bekommt es durch seine Beute: Schwarzkäfer, Fliegen, Spinnen.

Mir aber ist es entschieden zu kalt. So hatte ich mir Afrika nicht vorgestellt. Ein eisiger Wind beutelt mich. Feuchter Nebel verstärkt den ungemütlichen Eindruck, und während ich an der Küste entlanggehe, werde ich vom Spritzwasser der tosenden Brandung besprüht. Deshalb beeile ich mich, die Formalitäten für den Besuch der Namib zu erledigen. Im Büro des Nationalparks erhalte ich gegen ein Entgelt das permit, die Erlaubnis zum Besuch der geschützten Wüstenzonen. Allerdings darf ich sie nicht zu Fuß durchqueren, jeder Schritt würde das empfindliche Ökosystem, vor allem die sensiblen Flechten, für Jahrzehnte vernichten. Ich muss also ein Fahrzeug mieten, mit dem ich nur auf der einzigen angelegten Pad, wie Pisten in Namibia genannt werden, fahren darf, ansonsten droht mir eine Strafe. Auch kann ich nur in den vorgegebenen Camps übernachten.

Aufbruch ins »Nichts«

Auf der Karte erkenne ich, dass ich zunächst etwa 600 Kilometer durch eine Kieswüste nach Süden fahren muss, um zu den roten Sandbergen bei der Salz-Ton-Pfanne Sossusvlei zu gelangen, die einen kleinen Teil der riesigen Wüste ausmachen.

Auf den ersten Blick ist diese Wüste langweilig. Eine steingraue Einöde. Keine Pflanzen, keine Tiere, nichts. Geröllfelder breiten sich bis zum Horizont aus, flach und leblos. Doch da, seltsame Pflanzen, niedrig am Boden, aber ziemlich groß. Ihre Blattrosette hat einen Durchmesser von mehr als einen Meter und ihre beiden Blätter sind wie Tentakeln ineinander verschlungen. Sie wachsen zeitlebens weiter, können acht Meter und länger werden, zerrissen und zerfasert von Windböen und Sandstürmen. Es ist eine Welwitschie. Die »Wunderblume«, die 1859 von dem österreichischen Botaniker Friedrich Welwitsch erstmals wissenschaftlich beschrieben wurde, vermag in der trockensten Wüste der Welt zu überleben. Dort, wo andere Lebewesen verdursten, gedeiht und blüht sie. Dabei kann sie uralt werden, die größten Exemplare sind vielleicht 1000 Jahre oder sogar doppelt so alt, niemand kann das genau sagen. Die Welwitschie ist mit keiner anderen Pflanze vergleichbar. Sie ähnelt eher einem Tier, einem Polypen, der mit unzähligen Fangarmen um sich greift, und wirkt wie von einem anderen Stern. Tatsächlich ist *Welwitschia mirabilis* die einzige Überlebende ihrer Familie, ein lebendes Fossil aus einer längst vergangenen Zeit, als es noch keine Bäume auf der Erde gab.

Inzwischen ist es unerträglich heiß geworden, kein frischer Seewind kühlt mehr. Obwohl ich alle Fenster heruntergekurbelt habe, schwitze ich wie in der Sauna. Immerhin zeigt das Thermometer 48 Grad Celsius an. Da hilft auch der Fahrtwind nicht viel.

Endlich eine optische Abwechslung. In der Entfernung mache ich eine felsige Erhebung aus. Es ist der Vogelfederberg. In der flimmernden Luft wirkt er wie eine geheimnisvolle Insel inmitten der weiten Ebene. In der Skizze, die ich vom Tourismusbüro erhalten habe, ist dort ein Übernachtungsplatz eingetragen. Ich bin im Februar unterwegs, zu dieser Jahreszeit kommen nur wenige Reisende nach Namibia.

Faszinierende Tierwelt in Namibia. Junge Giraffen messen ihre Kräfte, indem sie ihre Hälse fast zärtlich umeinander schlingen.

Diese Art des Unterwegsseins ist ungewohnt für mich, jedoch in Namibia nicht anders möglich, denn ohne Fahrzeug ist der Besuch der Nationalparks und der Gästefarmen nicht erlaubt.

Oben: Das Waterbergmassiv ist eines der fruchtbarsten Gebiete Namibias, dank zahlreicher Quellen und Niederschläge.

Unten: Überraschende Begegnung beim Aufstieg zum Gipfelmassiv des Waterbergs. Durch seine Farbe ist das Chamäleon im Blattgrün gut getarnt und war für mich kaum zu erspähen.

Deswegen habe ich das Camp für mich allein. Auf einer felsigen Terrasse des Berges errichte ich mein Nachtlager.

Auf dem Boden bemerke ich Spuren, die ich als die eines Schakals deute. Mit dem Fernglas erkenne ich im warmen Licht der sinkenden Sonne einige Tiere, wahrscheinlich Gazellen, und noch weiter entfernt ein paar Strauße.

Tagsüber ist es in der Namib glühend heiß, doch nachts sinkt die Temperatur auf fast null Grad Celsius. Nicht selten gefriert der Morgentau zu Reif, der aber schnell schmilzt. Ich verziehe mich mit meinem Schlafsack ins Zelt, und am nächsten Morgen zittere ich vor Kälte beim Zusammenpacken. Sobald die Sonne über den Horizont steigt, wird es angenehm warm, doch schnell verwandelt sich die Wüste wieder in einen Backofen.

In der flimmernden Luft zeichnen sich dunkle Flecken ab, die grotesk verzerrt über dem Boden zu schweben scheinen. Als ich näher heran bin, erkenne ich, dass es wohl die Strauße sind, die ich gestern Abend durch das Fernglas erspäht hatte. Während der Fahrt bemerke ich noch Springböcke und Oryxantilopen, die schon flüchten, wenn ich noch weit entfernt bin. Die Wüste gibt ihre Geheimnisse nicht im Vorbeifahren preis. Durchquert man sie mit einem Fahrzeug ohne Halt, sieht man außer panisch fliehenden Tieren nur wenig mehr.

Der nächste Rastplatz, Mirabib, ist ein felsiger Klotz mit einem günstigen Mikroklima, sodass sich auffallend viele Pflanzen angesiedelt haben. Sogar ein paar niedrige Bäume und Sträucher gedeihen hier. Gezwitscher macht mich auf die Bergschmätzer aufmerksam, die in einer Felsnische gebrütet haben. Die Vogeleltern werden von den gerade flügge gewordenen Jungen bettelnd bedrängt. Rothalsfalken kreisen um den Felsen und stoßen durchdringende Rufe aus. Ein seltsames Wesen kriecht über den Boden – ein Wüstenchamäleon. Eigentlich bevorzugen Chamäleons feuchte Urwälder. Während ich mich noch frage, wovon sich das Tier wohl ernähren wird, krabbelt ein Schwarzkäfer arglos vorbei. Das Chamäleon richtet seine beiden unabhängig voneinander beweglichen Augen auf die Beute, schätzt die Entfernung ab und lässt seine lange Zunge herausschnellen. Das passiert so plötzlich und geschwind, dass ich kaum folgen kann. Schon klebt der Käfer an der Zunge und wird ins Maul befördert.

Bisher waren die Übernachtungsplätze frei zugänglich. Bei den roten Dünen ist jedoch eine stärkere Kontrolle nötig, damit die Natur nicht durch zu viele Besucher geschädigt wird. Bei der Buchung im Nationalparkbüro in Swakopmund musste ich deshalb genau die Zahl der Tage angeben, die ich hier verbringen wollte. Über Nacht wird das Gatter zwischen dem Übernachtungsplatz und den Dünen geschlossen. Auf keinen Fall darf man sich außerhalb der Besichtigungszeiten draußen aufhalten. Am nächsten Morgen bin ich eine der ersten am Tor. Auch hier muss man ein Fahrzeug benutzen.

Eine der fast 400 Meter hohen Dünen darf bestiegen werden. Diese Möglichkeit will ich unbedingt nutzen, um ein wirkliches Wüstenerlebnis zu haben. Mit reichlich Wasser eingedeckt, beginne ich frohen Mutes mit dem Aufstieg. Bald schon drossele ich das Tempo, um meine Kräfte zu schonen. Wenn ich einen Schritt hinauf gemacht habe, rutsche ich oftmals zwei wieder hinab. Doch immer, wenn ich aufgeben will, stelle ich mir den fantastischen Blick von oben vor. Je höher ich gelange, umso mehr vermittelt sich mir das gewaltige Ausmaß und die Schönheit der Wüstenlandschaft. Die Dünen sind tatsächlich so rot, wie ich es zuvor auf Fotografien gesehen habe. Ihr Sand wurde von den Bergen im Landesinneren herangeweht, und seine irreal wirkende Farbe entsteht durch das Eisenoxid, das jedes einzelne Sandkorn als dünner Film überzieht. Die Namib soll fünf Millionen Jahre alt sein, hat also schon lange existiert, bevor es Menschen auf der Erde gab. Die Ur-Namib, auf deren Sockel die Sanddünen liegen, ist sogar rund 80 Millionen Jahre alt.

Schweiß rinnt mir übers Gesicht. Meine Wasserreserven gehen zur Neige. Doch ich gebe nicht auf. Noch eine letzte Kraftanstrengung, dann bin ich oben auf dem Dünenkamm. Ringsum liegen sandige Berge glühend heiß unter der Sonne.

Eine kunterbunte Wanderheuschrecke. Diese Insekten leben als Einzelindividuen, sind jedoch die Umweltbedingungen günstig, vermehren sie sich ungeheuerlich und rasen als alles vernichtende Plagen übers Land.

Im wüstentrockenen Dornenland
Namibia ist solch graziler Blütenzauber
selten anzutreffen.

Leopard Cäsar kam als Jungtier zu einem Farmer und bleibt freiwillig da. Einmal wurde er von einem Weibchen aus der Wildnis besucht, das ihn nach der Paarung verließ. Obwohl er ihr hätte folgen können, tat er es nicht.

Als damals einziger Gast im Community Tourist Camp am Spitzkoppe-Massiv konnte ich in einer einfachen Hütte übernachten, wandern und dabei ungestört die grandiose Natur erleben, wenn bei Sonnenuntergang die Pondokberge aufglühten. ▽

Die Landschaft ist lebensfeindlich – aber eine vom Wind geformte Schönheit. Kein Laut. Vollkommene Stille. Das Schweigen der Wüste schlägt mich in seinen Bann.

Der Stand der Sonne zeigt mir schließlich an, dass es Abend wird. Ich will gerade meinen Platz auf der Düne verlassen und absteigen, um rechtzeitig am Tor zu sein, bevor es schließt, als ich ein Rascheln und Knistern höre. Sandkörnchen bewegen sich. Ein schwarzer Käfer krabbelt aus der kühlen Tiefe an die Oberfläche, tastet sich mit langen Beinen durch den Sand. Es ist ein Tenebriokäfer, wie der Käfer, den das Chamäleon verspeiste. Diese Überlebenskünstler stellen sich morgens, wenn der Tau herabrieselt, auf den Kopf und lassen die Tropfen, die an ihrem Hinterleib kondensieren, in ihre Mundöffnung rinnen.

Die Wüste leuchtet

Erneut bewegt sich der Sand und ein blasses Wesen mit auffallend riesigen Augen kriecht hervor – ein Wüstengecko. In der Tiefe vergraben hat er die Hitze überlebt, nun, da es kühler geworden ist, hält er nach Beute Ausschau. Da die Oberfläche noch ziemlich heiß ist, streckt er seine Beine abwechselnd zur Abkühlung in die Luft. Der Anblick ist so komisch, dass er mich zum Lachen reizt.

Wüstentiere wie Eidechsen, Schlangen, Skorpione, Schwarzkäfer und Geckos haben eine fantastische Anpassung vollzogen. Während der Tageshitze überleben sie tief im Sand verborgen. Abends gehen sie auf Nahrungssuche und morgens laben sie sich am Tau, bevor sie wieder von der Oberfläche verschwinden.

Der Sonnenball versinkt hinter den Dünen. Ich beeile mich mit dem Abstieg. Unten angekommen blicke ich noch einmal zurück. Meine Spuren im Sand sind nicht mehr zu sehen. Im Abendlicht leuchtet die Düne purpurfarben auf, als sei in ihrem Inneren ein Licht angezündet worden. Das Farbenspiel ist von solch unwirklicher Intensität, dass es mir den Atem raubt.

JEMEN – MIT DEM DROMEDAR DURCH DIE GEBIRGSWÜSTE

»Ahlan wa sahlan!« Mit diesem herzlichen Gruß heißt mich Karima willkommen und bittet mich einzutreten. Sie umarmt mich, freut sich, dass ich wieder im Jemen bin und sie in Sanaa besuche. Dieser Besuch im Jahr 2012 wird wohl für lange Zeit mein letzter gewesen sein, denn seit 2013 herrscht in dem Land Bürgerkrieg.

Es ist ein Stellvertreterkrieg, in dem es eigentlich um Konflikte zwischen Saudi-Arabien und dem Iran geht, die beide den verfeindeten Bevölkerungsgruppen Waffen liefern, Raketen abfeuern und Bomben abwerfen.

Der Jemen blickt auf eine lange kriegerische Geschichte zurück, erlebte aber auch friedliche Phasen. Immer wieder entzündeten sich blutige Auseinandersetzungen, sei es in den Jahrhunderten unter den Imamen, die als religiöse Oberhäupter zugleich auch als weltliche Herrscher das Land bis in das 20. Jahrhundert regierten, sei es unter den verschiedenen Regierungen, die danach kamen. Auch in den vergangenen Jahrzehnten gab es immer wieder Bürgerkriege und Konflikte – zwischen Nord- und Südjemen, zwischen Stämmen, zwischen Clans, zwischen verschiedenen Gruppen und der Regierung. Bei meinen Reisen im Jemen habe ich erlebt, dass Besucher aus den Provinzen auf ihrem Weg nach Sanaa an Kontrollpunkten nach Waffen durchsucht wurden. So wollte man verhindern, dass sich heimlich eine bewaffnete Gruppe bildet, die die Regierung stürzen könnte. Deren Macht war immer labil, und sie war darauf angewiesen, mit einflussreichen Stämmen Allianzen zu bilden. Das wollten wiederum benachteiligte Bevölkerungsgruppen zu ihren Gunsten ändern. Und nicht zuletzt war der Jemen auch dafür bekannt, dass dort häufig Ausländer entführt wurden, um die Regierung zu erpressen.

Nicht gerade günstige Voraussetzungen für meine Dromedar-Tour, möchte man meinen. Und ohne Frauen, wie Karima, Habiba, Mona und viele mehr, hätte ich es damals bei meiner ersten Jemenreise, die nun schon einige Jahre zurückliegt, wohl nicht geschafft. Sie nahmen mich schwesterlich bei sich auf, berieten und unterstützten mich nach Kräften. Doch was brachte mich eigentlich dazu, ausgerechnet in den Jemen zu reisen und noch dazu allein als Frau durch dieses gefährliche Land zu ziehen?

Wie bei fast allen meinen Zielen entstand dieser Wunsch bereits in meiner Jugend. Damals entstand die Idee, die mich nicht mehr ruhen ließ: mit einer Kamelkarawane durch eine wüstentrockene Gegend zu wandern. Kamele deswegen, weil sie genügsam sind, lange ohne Wasser auskommen und viel tragen können.

Lange Reiseplanung

Doch in welchem Gebiet könnte ich meinen Traum verwirklichen? Zunächst dachte ich an die Sahara. Verwarf diese Absicht gleich wieder. Zu aufwendig ist die Organisation, das Anlegen von Depots und das Anwerben von Kamelführern und Dolmetschern. Auf das gleiche Problem würde ich in der Gobi oder der arabischen Rub al-Chali stoßen. Zudem wollte ich nicht von Begleitern abhängig und selbstbestimmt unterwegs sein. Ohne Führer begäbe ich mich aber in diesen Wüsten sicherlich auf eine Reise ohne Wiederkehr. Relativ gefahrlos erschien mir der Oman. Von dieser Idee nahm ich jedoch Abstand, als ich von dem kontrollierten Tourismus erfuhr, den der Sultan dort eingerichtet hat. Mir würde bestimmt nicht erlaubt werden, dort allein mit Kamelen herumzuwandern. Nachdem ich mich über alle in Frage kommenden Länder informiert hatte, blieb – so kurios es klingen mag – einzig der kriegerische Jemen übrig. Gerade im Jemen, war ich überzeugt, könnte ich einigermaßen ungefährdet meine Idee umsetzen. Zur Vorbereitung trat ich in die deutsch-jemenitische Gesellschaft ein. Es sollte jedoch noch zehn Jahre dauern, bis ich mich umfassend kundig gemacht hatte und mir das Abenteuer zutraute.

Als ich schließlich in Sanaa auf dem Flugplatz ankomme, weiß ich nicht, ob mein Plan gelingen wird. Mir ist klar, dass es auch den Jemeniten nicht gefallen wird, mich allein losziehen zu lassen. Schließlich ist es kein Land für Individualreisende, Besucher kommen in Gruppen mit Dolmetscher und Reiseleiter. Ich habe mir fest vorgenommen, nichts gegen den Willen der Bevölkerung zu unternehmen, sie immer in meine Entscheidungen einzubinden, sie um Rat zu fragen und auf ihre Meinung zu hören. Anderseits jedoch weiß ich,

Oben: Ich bin aufs Hochplateau hinaufgestiegen, um die Nacht dort oben zu verbringen. Dort will ich Abschied nehmen von meiner Kameltour und von Shibam, dieser eindrucksvollen Stadt des Südjemens.

Unten: Bevor ich mir ein eigenes Kamel kaufe, lerne ich bei Beduinen den Umgang mit diesen Tieren. Besonders wichtig ist es, die Knoten zu beherrschen, mit denen die Lasten rutschsicher auf dem Kamelrücken befestigt werden .

wie hartnäckig und starrköpfig ich sein kann, wenn ich meinen Willen durchsetzen möchte. Deshalb setze ich mir zum Ziel, mich wie das weiche Wasser zu verhalten, das sich durch Felsen zwängt und tiefe Canyons durchs Gestein sägt. Sacht, aber ausdauernd, will ich Probleme, die sich mir in den Weg stellen würden, aushöhlen. Ein ganzes Jahr habe ich hierfür eingeplant.

Im ersten Schritt lerne ich deshalb Arabisch, und zwar so gut, dass ich mich nicht nur verständigen, sondern auch über schwierige Themen reden kann. Die Sprache würde in kritischen Situationen mein Verteidigungsmittel sein.

Anschließend lerne ich den Umgang mit Kamelen und mache hierfür tatsächlich eine mehrwöchige Lehre als Kamelführer bei den Beduinen. Dabei stellte ich fest, dass die Tiere im Jemen als Lastenträger abgerichtet sind und sich nur fortbewegen, wenn ein Mensch, der Kamelführer, vorausgeht. Das bedeutete, dass ich nicht wie ursprünglich geplant zwei Dromedare kaufen würde, eines zum Reiten, das andere als Tragtier, sondern nur eines, das ich führen werde.

Meine Lehrzeit ist erfolgreich und beglückend. Mir gefällt das einfache Leben bei den Beduinen. Es gibt nichts Überflüssiges, alles ist auf das Wesentliche – das Überleben – ausgerichtet. Jeden Tag gibt es ein neues Ziel, jeden Morgen einen Aufbruch und jeden Abend ein Ankommen. Ich verstehe, warum die Beduinen auf ihren Lebensstil so stolz sind, und freue mich, als meine Lehrmeister mich *bint al bedu* nennen, »Beduinentochter«.

Nachdem ich mich bereits fast ein Jahr im Jemen aufgehalten, mich mit der Mentalität der Bevölkerung vertraut gemacht und alle Vorbereitungen getroffen habe, soll es losgehen. Ich will von West nach Ost quer durch den halben Jemen wandern, insgesamt etwa 1000 Kilometer vom Bergdorf Salama in der Nähe der größeren Ortschaft Al Bayda bis zur Wüstenstadt Shibam im Wadi Hadramaut.

Allein über den Jol

Der Jemen ist anderthalb Mal so groß wie Deutschland, hat aber nur 20 Millionen Einwohner. Das trockene und gebirgige Land kann nicht von allzu vielen Menschen besiedelt werden. Drei Großlandschaften sind zu unterscheiden. Die Tihama ist die tropisch-heiße Küstenebene am Roten Meer. Von dort steigt ein bis zu 3000 Meter hohes Gebirge auf – der »grüne Jemen«, in dem dank Bewässerung auf angelegten Terrassen Anbau möglich ist. In diesem Gebirge liegen die meisten Ortschaften und auf 2200 Meter Höhe auch die Hauptstadt Sanaa. An dieses Randgebirge schließen sich wüstenartige Hochplateaus an, die von tiefen Tälern, den Wadis, zerfurcht sind. Sandwüsten gibt es im Jemen nicht, nur nördlich von Sanaa bei Marib hat der Wind Sand aus der saudi-arabischen Rub al-Chali angeweht.

Meine Gastgeber in Salama, die mir beim Kamelkauf geholfen haben, wollen mich nicht allein ziehen lassen. Nicht, weil sie mir das Unternehmen nicht zutrauen, wie sie mir versichern, sondern wegen ihrer Ehre. Jeder, der erfährt, dass sie

Die Altstadt der jemenitischen Hauptstadt Sanaa, auf einem 2200 Meter hohen Felsplateau gelegen, vermittelt mir eine Vorstellung von »Tausend und einer Nacht«.

Auf dem Suq, dem Markt von Sanaa, werden neben zahlreichen anderen Waren auch Krummdolche angeboten, die noch heute zur traditionellen Kleidung der Jemeniten gehören.

Oben: Eine Kamelstute mit ihrem Fohlen im Wadi Hadramaut, für die sich mein Dromedar Al Wasim sehr interessiert, sich dann aber doch entscheidet, mit mir weiterzuziehen.

Unten: Dorfbewohner helfen beim Beladen meines Dromedars. Die Frauen, bei denen ich übernachtet hatte, bleiben im Haus versteckt und rufen mir durch die Fensterluken einen Abschiedsgruß zu.

mich in die Wüste geschickt haben, würde sie verurteilen, weil sie ihre Fürsorge als Gastgeber grob vernachlässigt hätten.

Warum will ich aber auch in einem Land wie dem Jemen allein unterwegs sein, wo man mit diesem Wunsch auf Unverständnis stößt? Doch die Tour ist für mich nur ein echtes Abenteuer, wenn ich mich als Teil der Landschaft fühlen kann. Nur dann wird das Erleben intensiv und einzigartig.

Doch ich will meine hilfreichen Gastgeber nicht in Gewissensnöte bringen und erkläre mich einverstanden, zunächst zwei Beduinen als Begleiter mitzunehmen. Als die beiden an der Grenze ihres Stammesgebietes zurückkehren müssen, kann ich endlich, wie ich es mir erträumt habe, allein weiterziehen.

Mein Weg führt mich über den Jol. Das 2000 Meter hohe Kalksteinplateau erstreckt sich von der Küste des Indischen Ozeans landeinwärts bis zum Wadi Hadramaut und stellt eine natürliche Regenbarriere dar. In dieser Steinwüste ist die Einsamkeit allgegenwärtig. Nun wird auch der Kontakt zu meinem Dromedar, dem ich den Namen Al Wasim, »der Schöne«, gegeben habe, immer inniger. Wenn wir rasten, sucht Al Wasim meine Nähe und legt sich neben mir nieder. Kamele sind Herdentiere, und ich bin nun das letzte Mitglied der Karawane, da will er mich nicht auch noch verlieren.

Die Abende prägen sich mir besonders ein. Tagsüber steigt die Temperatur auf etwa 40 Grad Celsius. Sobald jedoch die Sonne am Horizont versinkt, kühlt sie schnell ab. Der Wüstenwind, der tagsüber säuselte, hört auf zu wehen. Es ist so still, dass ich mitunter meine, die Erde atmen zu hören. Mir ist, als sei ich allein auf der Welt. Ein Gefühl von Geborgenheit und zugleich von Freiheit durchflutet mich, ich fühle mich eins mit der Natur.

Manchmal begegne ich tagelang niemandem. Kein Mensch ist weit und breit zu sehen, dann wieder tauchen wie aus dem Nichts Ziegenhirtinnen auf. Bei den Beduinen hüten meist die Mädchen die Tiere. Bei diesen Begegnungen ist es wichtig, dass ich Arabisch kann, um ihnen zu erklären, wer ich bin, woher ich komme und wohin ich gehe. Nie lassen sie locker mich zu überreden, sie zum Lager ihrer Eltern zu begleiten. »Sonst glauben sie uns nie und nimmer, dass wir dich getroffen haben.«

In dem Gebiet, durch das ich wandere, verlief bis vor 1500 Jahren die antike Weihrauchstraße. Sie war nie eine Straße, sondern ein Netz aus Wegen, deren Verlauf sich je nach politischer Einflussnahme veränderte. Weihrauchbäume gibt es im Jemen kaum, sie wachsen vor allem im Oman. In der Antike war der Jemen ein Umschlagplatz für verschiedenste Waren nicht nur aus dem Oman, sondern auch aus Indien, China, Indonesien und Äthiopien. Vom Jemen transportierten Kamelkarawanen neben Weihrauch auch Gewürze, Seidenstoffe, Perlen und Edelsteine durch Arabien bis zum Mittelmeer. Durch die Wegzölle, die Einnahmen durch Rastplätze und den Verkauf der Verpflegung für die Karawanen wurde das Land reich. Die Römer nannten den Jemen deshalb *arabia felix*, das glückliche Arabien. Von dieser Blütezeit sind nur der Staudamm bei Marib und im Sand versunkene Tempel übrig.

Es ist eine karge Landschaft. In der Gebirgswüste Jol regnet es selten, deshalb können nur wenige, sehr anspruchslose Pflanzen existieren. Sie leben vom Tau, der sich jede Nacht bildet, da die Temperaturen stark absinken und die Luftfeuchtigkeit in feinen Tröpfchen kondensiert. Die Sträucher sehen wie abgestorben aus, doch tatsächlich überstehen diese erstaunlichen Pflanzen monate- oder gar jahrelange Trockenheit, um danach wieder zu knospen und sogar zu blühen – wie der Flaschenbaum, dessen zartrosa Blüten mich in dieser lebensfeindlichen Umgebung besonders anrühren.

Tiere sind in dieser Wüste selten, am besten beherrschen Reptilien die Anpassung an die Trockenheit. Schlangen sehe ich keine, sie finden in der steinernen Ödnis wohl zu wenig Beute. Dafür erblicke ich häufig Chamäleons – aber nur, wenn ich ganz genau hinschaue, denn sie haben die Farbe der Steine angenommen und sind nur von geübten Augen zu

الموهوب

Oben: Ein Junge aus Shibam, der seine Ziegen ins Freie lässt, denn die Nacht verbringen die Tiere geschützt im untersten Stockwerk der Altstadthäuser.

Links oben: Das Mädchen Arwa aus der jemenitischen Stadt Ibb. Noch muss sie nicht den schwarzen Scharschaff tragen.

Links unten: Ein traditionelles Musikinstrument ist die Laute, im Jemen »Ud« genannt, die vor allem bei Hochzeitsfesten zum Einsatz kommt, wie ich es im Wadi Do'an erlebe.

Shibam im Wadi Hadramaut ist mein ersehntes Ziel. Die turmhohen Häuser wurden aus luftgetrockneten Lehmziegeln erbaut, der Gipsanstrich oben am Dach schützt vor Regen. Seit altersher übte Shibam magische Anziehungsskraft auf Entdeckungsreisende aus, weil die Stadt schwer erreichbar war und von kriegerischen Stämmen beherrscht wurde.

entdecken. Dagegen leuchten die kobaltblauen Agamen schon von weitem. Die Männchen dieser fast einen halben Meter großen Echsen wollen mit ihrer bunten Tracht den graubraunen Weibchen imponieren und Rivalen abschrecken. Je heißer die Sonne, desto intensiver erglühen ihre Farben. Sind sie stark erregt, glimmt ihre Schwanzwurzel kupferrot. Es ist ein einzigartiges Schauspiel, wenn sich zwei Agamen-Männchen in blau-roter Prachttracht drohend gegenüberstehen und dabei mit ihren breiten Köpfen heftig auf- und niedernicken. Wenn der Schwächere schließlich flüchtet, verfolgt ihn sein Gegner, bis er ihn aus seinem Territorium verrieben hat.

Einmal überrasche ich frühmorgens eine Pavianfamilie an einem Wasserloch. Als mich die Affen bemerken, türmen sie in heilloser Flucht. Schade, ich hätte sie gern länger beobachtet, zumal auch Babys dabei waren.

Am Ziel sein heißt auch Abschied nehmen

Ich folge Tag um Tag der Kompassnadel, die mir den Weg nach Osten weist. Seit drei Monaten bin ich schon unterwegs. Eines Tages öffnet sich vor mir ein 800 Meter tiefer Abgrund, das Wadi Do'an. Auf einem alten Kamelpfad führe ich Al Wasim die fast senkrechten Felswände hinab. Das Tal ist besiedelt, Ortschaft reiht sich an Ortschaft, mit Motorpumpen bewässerte Dattelpalmenhaine breiten sich aus, Fahrzeuge brettern über Pisten und Lastwagen beliefern die Geschäfte. Nach der stillen einsamen Zeit auf dem Jol ist der Kontrast fast unerträglich. Mit Al Wasim schleiche ich mich dicht unter den senkrechten Felsen entlang, die das Tal einschließen. Das Wadi Do'an mündet in das Wadi Hadramaut. Die beiden Flusssysteme führen nur bei starkem Unwetter für kurze Zeit Wasser.

Eines Tages sehe ich eingebettet in Wüstensand, der aus der Rub al-Chali herübergeweht ist, Shibam liegen. Ich freue mich, das Ziel erreicht zu haben. Doch gleichzeitig bin ich traurig, denn nun muss ich von Al Wasim, der mir zum Gefährten geworden ist, Abschied nehmen. Erst als ich einen verlässlichen, neuen Besitzer für ihn gefunden habe, flüstere ich ihm die arabische Abschiedsformel ins Ohr: »Ma'salama!«, gehe in Frieden.

Bei starkem Regen füllen sich die Trockentäler, aber schnell versiegt das Wasser wieder in der Wüstenhitze.

Die Ortschaft Sif schmiegt sich eng an die Felswand des Wadi Do'an, denn bei Starkregen tost eine Flutwelle todbringend durch das Trockental.

ZAUBER DER FERNE

Louisiana/USA und Island

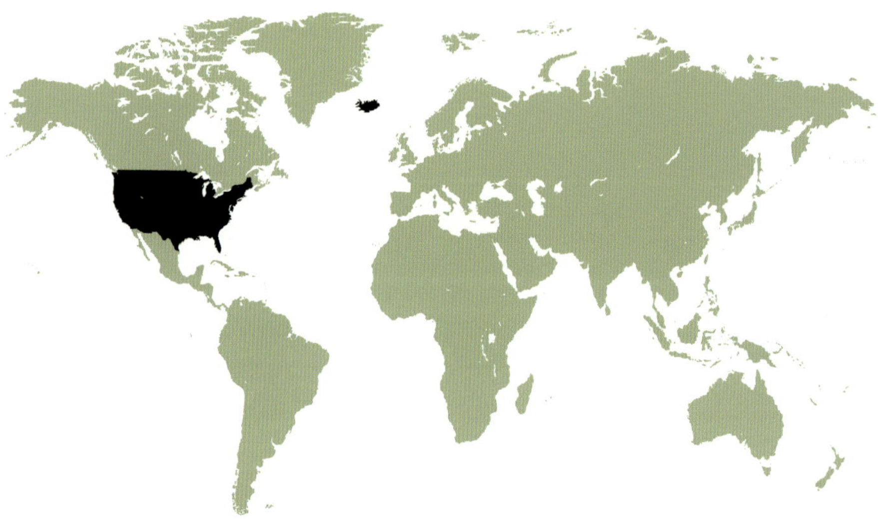

Urwald aus Sumpfzypressen, die monatelang überflutet werden. Um ihre Wurzeln mit Sauerstoff zu versorgen, entwickeln sie »Atemknie«, die meterhoch über dem Wasser stehen.

IN DEN SÜMPFEN LOUISIANAS

Süßlich dumpfer Geruch steigt aus dem Wasser, vermischt sich mit der drückenden tropischen Schwüle, in der uns das Sirren der Moskitos ständig begleitet. Es plätschert leise, wenn Greg die Paddel durch das grünlich schimmernde Wasser zieht. Greg ist ein Akadier, also ein Nachfahre französischstämmiger Einwanderer, die in den Sümpfen Louisianas vor rund 250 Jahren eine neue Heimat gefunden haben und heute als Cajun bezeichnet werden.

Geschickt manövriert Greg den Kahn an den Sumpfzypressen vorbei, deren mächtige Stämme dicht nebeneinander tief im Wasser stehen. So weit das Auge reicht, ist nur Wald zu sehen. Ich bin fasziniert von der unberührten weiten Wildnis und möchte sie in den nächsten Tagen erkunden.

»Hollywood dreht in unseren Sümpfen seine Blockbuster, Action-Filme und die Kriegsfilme, die im Dschungel Vietnams spielen«, sagt Greg. »Der Atchafalaya-Sumpf ist mit 2410 Quadratkilometern eine der größten Sumpfwildnisse Amerikas und seit 1984 geschützt, ein National Wildlife Refuge«, fügt er hinzu und macht mich auf einen Alligator aufmerksam, dessen Kopf zwischen Wasserpflanzen zu sehen ist.

Wir erreichen die Stelle, an der Greg am Morgen die Reusen versenkt hat, die er nun herausholt. »Oh, ein catfish!« Erfreut legt er den Wels in den mitgebrachten Eimer. »Aus dem mache ich uns nachher ein echtes Cajun-Gericht, denn wir haben nicht nur unsere eigene Musik und Sprache, sondern auch unsere ganz spezielle Küche mit Gewürzen, die sind richtig scharf, musst du wissen.« Um zu betonen, dass das Essen wirklich gut gewürzt wird, sagt er: »hot, hot«.

Ich kenne Greg erst einen Tag, aber er vermittelt mir eine Vertrautheit, als wären wir seit Jahren alte Freunde. Bisher ist es mir mit jedem Akadier so ergangen, dem ich in diesem abgeschiedenen Winkel im tiefen Süden der USA begegnet bin. Empfohlen wurde er mir von meiner Zimmerwirtin in Henderson, der ich von meinem Wunsch erzählte, dieses riesige Süßwassersumpfgebiet kennenzulernen.

»Da kann dir Greg am besten helfen«, meinte sie sofort. Greg sei ein entfernter Verwandter von ihr, der in den Sümpfen lebe. Ein echter Cajun also, wie sie betonte, und ein Allround-Talent, der alles könne und alles zugleich sei: Fischer, Krabben- und Krebszüchter, Farmer, Bootsbauer, Zimmerer, Musiker und vieles mehr. Die Liste sei unerschöpflich, so ihre Meinung.

Zwar hatte sie mir den Weg genau beschrieben, trotzdem verfuhr ich mich ein paar Mal. Zuletzt war ich ganz auf meinen Spürsinn angewiesen, denn ringsum wohnte niemand, den ich hätte fragen können. Schließlich entdeckte ich an einer Nebenstraße einen Briefkasten mit Gregs Namensschild. Von dort führte eine holprige Erdpiste einige Kilometer weiter. Immer dichter wurde der wilde Bewuchs beidseits der schmalen Piste. Die Bohlen einer schon ziemlich brüchigen Holzbrücke, die einen Bayon überquerte, wie Wasserläufe hier genannt werden, knarzte bedrohlich unter den Reifen meines Fahrzeuges. Glücklich, das Hindernis ohne Schaden überstanden zu haben, gelangte ich zu einem Anwesen, an dem die kaum noch sichtbare Piste endete. Ausgediente Küchengeräte und Trödel, morsche Möbel, ein halbfertiger Bootsrumpf lagen fast malerisch herum, von Vegetation überwuchert. Auch in einem Autowrack ohne Räder hatten sich Pflanzen angesiedelt. Ich hatte Zeit mich umzusehen, denn die Haustür war zwar offen, aber niemand reagierte auf mein Klopfen und Rufen. Ich wusste nicht mit Sicherheit, ob es Gregs Heimstatt war, doch weitere Gebäude gab es hier nicht, also wartete ich. Ein Specht mit feuerrotem Kopf hämmerte am Stamm eines Walnussbaumes. Als er genug gehämmert hatte, flog er weiter zu den mächtigen Eichen, die das einfache Holzhaus beschatteten.

Üppige Vielfalt der Natur

Irgendwann hörte ich Motorengeräusch und aus einem Wagen, der wohl schon seit vielen Jahren auf seinen Rädern unterwegs ist, stieg ein hochgewachsener Mann, das dunkle Haar von grauen Strähnen durchzogen. Es war Greg, der mich wie eine alte Bekannte begrüßte und verwundert fragte, warum ich draußen warte und nicht ins Haus gegangen sei.

Woher meine Vorliebe für wilde Sumpflandschaften herrührt, weiß ich nicht. Vielleicht faszinieren sie mich, weil diese Urlandschaften nicht für die Besiedlung geeignet sind, weil der Mensch sich hier allenfalls mit Hilfsmitteln wie Booten und Flößen bewegen kann, ob auf den Wasseradern im Amazonas-Urwald, auf den Urwaldflüssen Neuguineas oder

Oben: Die unermesslich weite Sumpflandschaft wird vom Interstate Highway 10 durchschnitten, der auf Stelzen erbaut wurde.

Unten: Der Nutria, ein vegetarischer Nager, fühlt sich in Feuchtgebieten wohl.

hier im Atchafalaya-Zypressenwald. In diesen Lebensräumen spielen wilde Tiere und die üppig wuchernde Pflanzenwelt die Hauptrolle. Nirgendwo sonst ist die Vielfalt des Lebens so unermesslich, nirgendwo sonst haben sich so ungezählt viele Arten entwickelt, hat sich die Natur die unglaublichsten Anpassungen einfallen lassen. Uns Menschen aber, die in die Urwälder vordringen, bedrohen heimtückische Gefahren, wobei die schlimmsten weder Raubtiere noch Giftschlangen oder Alligatoren sind, sondern Krankheitserreger, gegen die wir keine Abwehrkräfte besitzen.

Verzaubert hat mich diese gefährliche Wildnis wahrscheinlich bereits in meiner frühen Kindheit, in der es kein Fernsehen gab und demzufolge auch keine Tier- und Naturfilme. Doch unsere Nachbarn in Bautzen, mit denen wir eine Wohnung teilten, besaßen Bildbände, in denen ich blättern durfte. Staunend betrachtete ich die Fotos. Sie zeigten mir die bunte Vielfalt des Lebens im Dschungel. So eröffnete sich mir noch im Vorschulalter eine atemberaubende fremde Welt.

Während des Studiums unternahmen wir Exkursionen in die damals weitgehend unberührten Moore Mecklenburg-Vorpommerns. Und wieder spürte ich den besonderen Zauber, der von diesem Zwischenreich von Land und Wasser ausgeht. Er bestärkte mich darin, mich diesem Lebensraum wann immer möglich zu widmen. Als ich den Auftrag für ein Filmprojekt in Louisiana erhielt, stand für mich fest, dass ich nach beendeter Aufgabe das Atchafalaya-Bassin erkunden werde.

Im Wasserlabyrinth

Greg lädt mich ein, ein paar Tage zu bleiben, ich darf auch sein Kanu benutzen, um auf eigene Faust die Wildnis zu erleben und auf mich wirken zu lassen. Von seinem Angebot mache ich gleich am nächsten Tag Gebrauch. Noch vor Sonnenaufgang paddle ich los. Lichte Schleier schweben über dem Wasser, tanzen auf und nieder. Schwarz ragen die mächtigen Stämme der Zypressen aus dem Nebel hervor. Kaum bin ich an ihnen vorbeigefahren, verschwinden sie wieder im alles verhüllenden Dunst. Es fällt mir anfangs schwer, das Boot zu manövrieren. Greg hat mir seine Piroge gegeben, ein robustes, einbaumähnliches, hölzernes Gefährt. Er wollte mich zunächst nicht allein fahren lassen, war besorgt, dass ich mich im Wasserlabyrinth trotz einer detailgenauen Karte verirren könnte. Meinem geschulten Orientierungssinn kann ich sonst vertrauen, diese Sumpfwildnis aber ist mir fremd und bietet kaum Orientierungshilfen. Deshalb habe ich ein rotes Band in handliche Stücke zerschnitten, die ich ab und zu an einem herabhängenden Zypressenzweig befestige. Sie sollen mir später helfen, den Heimweg zu finden, so ähnlich wie die Kieselsteine und Brotkrumen im Märchen von Hänsel und Gretel.

Der Atchafalaya Swamp wird durch den Atchafalaya River bewässert, einem Nebenfluss des Mississippi, der sein eigenes Delta aufgebaut hat. Sein Name bedeutet »Langes Gewässer« und stammt von den Indianern, die früher hier siedelten. Ihre wenigen Nachkommen leben heute abgedrängt in Reservaten.

Oben: Der Atchafalaya-Sumpf, eine der größten Sumpfwildnisse Amerikas, ist Teil des Mündungsdeltas des Mississippi.

Rechts: Der Jungvogel hat das Nest zu früh verlassen und muss sich nun in einer gefährlichen Umwelt behaupten.

»Vielleicht faszinieren mich diese Urlandschaften, weil sie nicht für die Besiedlung geeignet sind, weil hier die Natur die Hauptrolle spielt.«

Oben: Während die Sonne hinter den Zypressen versinkt, stimmen Frösche und Zikaden ihr Konzert an.

Unten: Fotogenes Vehikel, das niemand mehr gebraucht und einfach der Natur überlassen wird.

Die dschungelgleiche Wildnis ist für Menschen ohne Boot unzugänglich, dafür ein Eldorado für seltene Pflanzen und Tiere, die hier weitgehend ungestört sind. Ich bin verzaubert von dieser geheimnisvollen Wasserwelt, ihrer Schönheit und Vielfalt.

Es ist still. Der Nebel verschluckt jeden Laut, nur mein Paddel macht leise Geräusche. Pitsch, pitsch, klingt es, wenn ich es sanft eintauche und durchs Wasser ziehe. Da – dort bewegt sich etwas. Ein länglicher Schatten, und noch einer, viele. Sie wuseln herum, tauchen auf und verschwinden wieder. Ich halte mit dem Paddeln inne und schaue genau hin. Ich kenne diese Tiere nur von Abbildungen, bin mir jedoch sicher, dass es Nutrias sind, die wegen ihres wertvollen Pelzes außerhalb des Schutzgebietes gejagt oder in Pelztierfarmen gehalten werden. Sie sind etwa so groß wie Biber und ähneln diesen auch etwas, haben aber nicht den typischen Biberschwanz. Es muss eine Familie sein, Eltern mit ihren halbwüchsigen fünf Jungen. Ich beobachte sie eine Weile. Die Erwachsenen hocken auf Wurzeln im Trockenen, putzen anmutig ihr Fell und schauen zu, wie die Jungen sich im Wasser tummeln.

Im Reich der Reptilien

Die Sonne steigt über den Horizont, wirft ihre vergoldenden Strahlen in den Sumpf. Die Nebelschleier steigen jetzt hoch hinauf, tanzen wie schwerelos in der Luft und lösen sich auf. Die Zypressen werden nun sichtbar bis hinauf zu ihren hohen Wipfeln. Märchenhaft hängen an ihren Zweigen lange Bartflechten. In Louisiana werden sie Spanisch Moos genannt, obwohl Moose einer völlig anderen Pflanzengruppe angehören. Flechten bestehen immer aus einer symbiotischen Gemeinschaft aus einem Pilz und einer Alge.

Sumpfzypressen gab es schon in Vorzeiten. Die Braunkohle, die zum Beispiel in der rheinischen Tiefebene abgebaut wurde, war im Tertiär ein riesiger Zypressenwald. Ab und zu findet man fossile Abdrücke auf Kohle und Schieferplatten.

Da die Bäume dauerhaft im Wasser stehen, haben sie als Anpassung sogenannte Atemknie entwickelt. Diese ragen zwischen purpurfarbenen Wasserhyazinthen einen halben Meter aus dem Wasser heraus, um die überfluteten Wurzeln zu durchlüften und sie vor dem Verfaulen zu bewahren. Auf einigen entdecke ich Wasserschildkröten, die sich in den frühen Sonnenstrahlen wärmen, und auf den glänzenden Blättern der Hyazinthen hocken gut getarnt grünliche Frösche. Wenig später werde ich auf rosa Punkte aufmerksam. Vorsichtig paddle ich näher – es sind Löffler. Sie sind rosa wie Flamingos, unterscheiden sich von diesen jedoch durch die löffelartige Verbreiterung an der Spitze ihres langen Schnabels.

Als ich wieder einmal das Orientierungsband an einem Zweig befestigen will, erspähe ich im letzten Moment zwischen dem Flechtenvorhang eine Schlange. Sie hat mich eher bemerkt und hebt drohend ihren Kopf, öffnet fauchend den Rachen. Erschrocken zucke ich zurück. Die Schlange beruhigt sich, hängt wieder gut getarnt wie eine gelbbraune Girlande im Geäst. Sie ist gut einen Meter lang, hat einen dreieckigen Kopf und senkrechte Pupillen. Sie ist also eine Giftschlange.

Ich bin mir sicher, dass sie eine Wassermokassinotter ist. Diese Art gehört zur Familie der Grubenottern, deren Name sich von den beiden grubenartigen Vertiefungen ableitet, die sie am Kopf aufweisen. Dort sitzt ein Sensor für ultrarotes Licht. Damit können die nachtaktiven Schlangen die Wärmestrahlung wahrnehmen, die jeder Tierkörper aussendet, und finden so im Dunklen ihre Beute, meist Mäuse, Hörnchen, Vögel, Frösche, mitunter auch Fische. Das Gift der Wassermokassinotter ist für den Menschen selten tödlich, löst aber das Gewebe an der Bissstelle auf und verursacht oft nie verheilende Wunden. Zwar gelten sie als aggressiv, doch greifen sie nicht an, wenn sie in Ruhe gelassen werden. Von nun an bin ich besonders vorsichtig beim Befestigen der roten Bänder.

Zu den zahlreichen Bewohnern der verwunschenen Wildnis gehören unter anderem: ein gut getarntes Heupferd (o.l.), eine Wasserschildkröte (o.r.), ein Frosch (u.l.) und ein prächtiger Seidenreiher (u.r.).

Schon immer hatte ich eine Vorliebe für alle Arten von Reptilien, und seit meiner Kindheit haben es mir vor allem die Schlangen angetan. Warum gerade Schlangen? Vielleicht, weil meine Mutter, wie so viele Menschen, sich vor ihnen fürchtete, aber auch, weil ich ihre eleganten Körper wunderschön finde und ihre blitzschnellen Bewegungen bewundere. Als ich später durch meine Arbeit als Biologin mehr über ihr so unterschiedliches Verhalten und ihre Anpassung an die verschiedenen Lebensräume lernte, faszinierten mich diese Geschöpfe immer mehr.

Hier im Sumpfland kann ich meine Liebe zu Schlangen reichlich ausleben, neben Wasservögeln und Alligatoren scheinen sie die häufigsten Tiere zu sein. Einmal schwimmt eine Schlange mit hoch erhobenem Kopf schlängelnd neben dem Boot her – vielleicht ist es eine Diamant-Klapperschlange. Dann wieder sonnt sich ein Kupferkopf auf einem Zypressen-Atemknie. Mokassinschlangen gibt es besonders viele. Sie sind jedoch für mich schwer zu bestimmen, da die Farben ihres Schuppenkleides unglaublich variieren. Ich sehe glänzend schwarze, graue, gelbe und olivgrüne. Die jungen Exemplare haben einen hübsch gezeichneten beigefarbenen Körper mit braunem, fast rötlichem, gebändertem Muster und einer hellen Schwanzspitze, für mich ein sicheres Erkennungszeichen.

Ein gut gedeckter Tisch

Durch einen Altwasserarm gelange ich in die marschähnliche Schlickzone, in der sich Brackwasser mit Süßwasser mischt. Zwei Meter hohe Gräser schaffen eine undurchdringliche Wildnis, versperren mir die Sicht. Bei der erstbesten Gelegenheit kehre ich um, hier will ich mich nicht verirren. Als ich später an einer Sandbank vorbeipaddle, sonnen sich dort nicht nur Wasserschildkröten, sondern auch Alligatoren. In meinem wackeligen Kahn fühle ich mich nicht allzu sicher und suche schnell das Weite, ich will die riesigen Tiere nicht auf mich aufmerksam machen. Mit Alligatoren kenne ich mich weniger gut aus als mit Schlangen. Als ich aufatmend zum Himmel schaue, kreist dort ein wundervoller Greifvogel. Er hat einen tiefgegabelten Stoß, ist leuchtend weiß, bis auf die markant schwarzen Flügelspitzen. Wie gut, dass ich mich vor meiner Reise mit der Vogelwelt Louisianas beschäftigt habe, denn fast alle Tiere sehe ich hier zum ersten Mal in natura. Bei diesem schönen Vogel weiß ich sofort den Namen, der auch wirklich passend ist – eine Schwalbenweihe. Sie schraubt sich in Kreisen immer höher und entschwindet meinem Blick.

Ein Plätschern richtet meine Aufmerksamkeit zurück aufs Wasser. Schon taucht ein Fischotter auf, ich halte das Paddel still, vermeide jede Bewegung. Ein zweiter pelziger Kopf erscheint. Neugierig umspielen die Tiere den Kahn. Als sich nichts rührt, verlieren sie das Interesse und verschwinden wieder. Wellen ziehen noch eine Weile ihre Kreise, wo sie abgetaucht sind, dann ist die Wasseroberfläche wieder ruhig, als wären sie nicht da gewesen.

Langsam paddle ich zurück. Licht und Schatten fallen durch Baumkronen und zeichnen Muster auf das Wasser. Ein stilles Glücksgefühl durchrieselt mich. Was für ein Privileg, in diesem Naturreservat unterwegs zu sein. Ein erfüllter Tag neigt sich dem Ende entgegen. Die Sonne versinkt ohne spektakuläres Farbenspiel. In der beginnenden Dämmerung wehen die Bartflechten wie gespenstische Geisterfahnen im Wind. Fledermäuse zickzacken dicht über dem Wasser und schnappen nach Insekten, und der Chor der Frösche stimmt sein Abendkonzert an. Die Wegmarkierungen geleiten mich sicher zurück. Noch bevor es ganz dunkel ist, lege ich am Steg an. Greg hat mich schon erwartet und ist froh, dass ich mich nicht verirrt habe. Ich weiß sein Vertrauen zu schätzen und bedanke mich, dass er mich allein im Sumpf hat paddeln lassen. Während er einen Katzenwels auf den Grill legt, lauscht er aufmerksam meinem Bericht und meint anerkennend: »So viele Tiere wie du habe ich noch nicht mal während einer ganzen Woche gesehen.«

DIE MAGIE DES LICHTS – ISLAND

Island – eisiges Land. Es war der Name, der meine Fantasie als Jugendliche beflügelte. Er klang so verführerisch wie Mongolei, Amazonas, Atacama, Himalaya, Chimborazo, Kilimandscharo oder Timbuktu. Das waren meine Hotspots, von denen ich träumte, die ich nicht einfach nur sehen, sondern erforschen wollte.

Die Insel weckte in mir Erwartungen an eine wilde Natur, an ein Zauberreich aus Eis und Fels, Gletschern und Vulkanen. Island ist noch immer im Entstehen begriffen. Aus dem Inneren der Erde wird sie weiter neu geboren, wächst und vergrößert sich. Deshalb wollte ich schon damals, als ich noch in der DDR lebte, nach Island, um dem heißen Herz der Erde nahe zu kommen, um eine Vorstellung zu erhaschen von ihrer gestalterischen Kraft. Ich wollte ihr ins wilde Antlitz blicken. Seltsam, nie zweifelte ich, dass mir das einst möglich sein würde.

Als ich endlich in Westdeutschland angekommen und frei war, in alle vier Himmelsrichtungen aufzubrechen, überdachte ich die Traumziele meiner Jugend. Wo würde ich sofort hinreisen wollen? Zwei Namen kamen mir sofort in den Sinn: Island und Myanmar. Warum gerade diese beiden? Ich weiß es nicht. Vielleicht, weil sie das breite Spektrum meiner Interessen verkörpern: einmal die weltabgeschiedene unwirtliche, eisige Wildnis, in der der Mensch keine Rolle spielt, und als Gegensatz die tropisch-üppige Natur, in der Menschen eine faszinierende Kultur geschaffen haben.

Doch zunächst reiste ich nirgendwo hin, denn um des Reisens willen wollte ich nie reisen. Damals dachte ich noch, dass ich dazu einen Forschungsauftrag von einer Universität oder einem Institut benötigte. So blieb ich in Bayern, bekämpfte meine Ungeduld, hielt meine Neugier im Zaum und setzte auf meinen Beruf als Biologin wie auf ein geflügeltes Pferd, das mich hinaus in die Welt bringen sollte. So geriet Island jahrzehntelang aus meinem Blickfeld. Doch dann tauchte die Insel wieder in meiner Erinnerung auf, so als würde sie mich rufen: »Nun ist es Zeit, komm!« Und tatsächlich, es war der richtige Augenblick.

Als ich im April 2010 auf Island ankomme, ist gerade an der Südküste der Vulkan Eyjafjallajökull ausgebrochen. Schon am nächsten Tag bin ich von der Hauptstadt Reykjavik aus mit einem öffentlichen Bus zum 130 Kilometer entfernten Eyjafjallajökull unterwegs. Ich bin der einzige Passagier, denn inzwischen kann aufgrund des Flugverbots, das wegen der Aschewolke verhängt wurde, niemand mehr auf der Insel landen. Ich fühle mich privilegiert, dass es mir gelungen ist, als eine der wenigen Ausländer den Ausbruch zu erleben.

Der Bus folgt zunächst einer perfekt ausgebauten Schnellstraße Richtung Norden. Ich sitze neben dem Fahrer und blicke durch die breite Frontscheibe hinaus in die Landschaft. Vor uns erhebt sich der 914 Meter hohe Esja. Reykjaviks Hausberg ist wie alle Berge Islands ein Vulkan, allerdings schon seit langem erloschen. Bald biegt die Straße nach Osten ab, und es geht hinauf auf das Plateau Hellisheiði. Nichts als Lavawüste bis zum Horizont. Nur wenige Kilometer von der modernen Großstadt entfernt finde ich mich in einer lebensfeindlichen Mondlandschaft wieder.

Auf Serpentinen geht es wieder hinab zur Küste, die mir grün entgegen schimmert. Die ersten Siedler, die im 9. Jahrhundert mit ihren wendigen Wikingerschiffen aus Norwegen kamen, konnten nur den schmalen Küstenstreifen besiedeln, auf dessen fruchtbarem vulkanischem Boden Gras für Pferde, Rinder, Schafe und Ziegen wächst. Von dieser Küstenebene steigt das unwirtliche Hochland mit steilen Felswänden fast senkrecht 1500, sogar 2000 Meter in die Höhe.

Zwischen Baumkronen erkenne ich rote Dächer. »Das ist Hveragerði, die Gartenstadt«, erklärt mir der Fahrer. Er erzählt mir, dass hier riesige Gewächshäuser mit Erdwärme beheizt werden, in denen sogar im Winter Obst, Gemüse, selbst Bananen gedeihen. »Südfrüchte und Palmen nahe am Polarkreis, das gibt es nur bei uns in Island«, meint er stolz.

In Hvolsvöllur verabschiede ich mich von dem Busfahrer und folge etwa 40 Kilometer einer Schotterpiste hinein in ein Hochtal, das der Fluss Markarfljót ins Bergland geschnitten hat. Vom Hang zu meiner Linken stürzen unzählige Wasserfälle rauschend herab, zu meiner Rechten mäandriert der Markarfljót in seinem breiten Bett. Auf der gegenüberliegenden Seite des Flusses müsste sich laut Karte der Eyjafjallajökull befinden. Aber der Himmel ist so bedeckt, dass weder von dem Vulkan noch von der Aschewolke etwas zu erkennen ist.

Die Erde bebt

Als die Dämmerung herabsinkt, baue ich am Wiesenhang mein Zelt auf. In der Nacht wache ich auf. Bestürzt bemerke ich, dass sich die Erde bewegt. Sie schlägt Wellen, als würde ich in einem Boot auf dem Meer treiben. Die Stöße werden

Oben: An der Nordküste Islands wird dieser Basaltfelsen, der den Namen Hvítserkur trägt, von der Brandung umtost und dient Meeresvögeln als Nistplatz.

Unten: Beobachtung am Vogelfelsen Látrabjarg, ein 14 Kilometer langes Felsenriff, das 100 Meter senkrecht ins Meer abfällt.

heftiger, hart geht es auf und nieder, so als läge ich auf dem Rücken eines bockigen Pferdes, das mich abwerfen will. Das ist ein Erdbeben, fährt es mir entsetzt durch den Sinn. Ein Gefühl der Ohnmacht erfüllt mich. Hilflos bin ich der Naturgewalt ausgeliefert. Panik durchströmt mich. Nur weg von hier! Mein Verstand ringt den Impuls nieder. Wohin auch sollte ich flüchten? Wenn die Erde selbst unsicher ist, Risse und Spalten aufbrechen, ist man nirgendwo außer Gefahr.

Zitternd vor Angst und Aufregung öffne ich den Reißverschluss am Zelteingang und strecke den Kopf hinaus. In diesem Moment hört das Beben auf. Das Licht ist schon hell genug, um die Umgebung wahrzunehmen. Ich erkenne das gelbe vorjährige Gras, dürre Sträucher, Steine und Felsen. Die Luft ist klar, und als ich aus dem Zelt krieche, sehe ich den Eyjafjallajökull emporragen. Da erschüttert ein Dröhnen und Donnern die Luft. Es pfeift und zischt, grollt, knallt und poltert. Und dann sehe ich sie aufsteigen – die Wolke. Dunkel, braunschwarz, himmelwärts quillt sie empor, aus dem Krater heraus, immer höher.

Mein Plan sieht vor, das wilde Hochland von Süd nach Nord zu durchqueren, eine Strecke von schätzungsweise 600 Kilometern durch unwegsames Gebiet. Ich beginne an der Südküste in der Nähe der Ortschaft Vik beim Wasserfall Skógafoss. Zuvor habe ich mich beim Ferðafélag, dem isländischen Wanderverein, erkundigt, ob der Aufstieg ins Hochland wegen des Vulkanausbruchs möglich sei. Schließlich will ich zwischen zwei Vulkanen, dem Eyjafjallajökull und der vom Mýrdalsgletscher bedeckten Katla, bis zur Passhöhe am Fimmvörðurháls hinaufsteigen. »No Problem!«, werde ich beruhigt, der alte Pfad sei zwar wegen der frischen Lava unbegehbar, aber man habe bereits eine Umgehung mit Holzstöcken abgesteckt.

An der rechten Seite des Wasserfalls steige ich empor. Der Skógafoss stürzt hier auf einer Breite von 25 Metern über eine Felsklippe 60 Meter in die Tiefe. Möwen und Sturmvögel begleiten meinen Aufstieg mit rasanten Flugmanövern und kreischenden Rufen. Steil geht es immer weiter hinauf durch eine karge Landschaft, in der Zwergweiden, Polsterpflanzen, Moose, Gräser und Seggen wachsen. Ein Bach springt in Kaskaden durch das Steilgelände.

Immer wieder bleibe ich stehen, um durchzuatmen, schaue zurück zur grünen Küste und weit hinaus zum dunkelblauen Atlantik. Stunde um Stunde gewinne ich an Höhe, und auf einmal wird mir klar, dass ich auf Eis gehe – ich bin auf dem Gletscher! Er ist mit grobkörniger Asche bedeckt, deshalb hatte ich es nicht gleich bemerkt. Ein mit Stöcken markierter Pfad führt an Spalten mit weiß leuchtenden Wänden vorbei über sicheres Terrain. In der Nähe des 1651 Meter hohen Eyjafjallajökull, der seinen Ausbruch beendet hat, baue ich mein Zelt auf. Es ist spät am Abend, aber immer noch taghell, und so wandere ich hinauf zum Krater. Eine weiße Wolke schwebt über dem tiefen Loch und steigt hoch hinauf in den Himmel. Das brodelnde Wasser in der Tiefe wallt und quirlt, erhitzt vom glühenden Inneren der Erde.

Durch wilde Wasserläufe

Am nächsten Tag ist der Gletscher bald überquert und ich habe wieder Gestein unter meinen Füßen. Das aber nicht fest ist, wie ich schnell feststelle, denn aus Spalten und Rissen steigen Gase auf, die sich als Fumarolen in die Luft schrauben

Lupinen auf den der Südküste vorgelagerten Westmännerinseln, von Isländern angepflanzt, um die Vulkanasche zu festigen.

Im Frühjahr, nachdem die Lämmer geboren sind, werden die Schafe auf die Bergwiesen getrieben, wo sie während des Sommers frei weiden. Den Winter verbringen sie geschützt in Ställen und werden mit Heu gefüttert.

Im April des Jahres 2010 brach der Vulkan Eyjafjallajökull aus, seine Aschewolke stieg 8000 Meter in die Höhe und gefährdete den Flugverkehr.

und gleich Irrlichtern tanzen. Sie beweisen, dass der Untergrund noch vulkanisch heiß ist.

Über Almwiesen, die von zerklüfteten Felsen begrenzt werden, erreiche ich Þorsmörk. Das nach dem germanischen Gott Thor benannte Tal wird durch hohe Berge und reißende Gletscherflüsse von der Außenwelt abgeschirmt und weist durch seine geschützte Lage eine für Island ungewöhnlich üppige Pflanzenwelt auf. Sogar Bäume gedeihen hier.

Von Þorsmörk folge ich dem beliebten Wanderpfad ins Landesinnere zum wichtigen Rastplatz Landmannalaugar. Ich habe mich gut vorbereitet und ausgerüstet, denn im Hochland muss man stets mit Wetterstürzen, meterhohem Schnee, Hagel, aber auch mit Sandstürmen rechnen. Der Wind kann sich rasend schnell in einen Orkan verwandeln, der alles hinwegfegt. Außerdem führen über die Wasserläufe keine Brücken, weshalb ich schon bald unschlüssig am Ufer der Þröngá stehe. Skeptisch betrachte ich das brausende Wasser, suche am Ufer nach einer weniger gefährlichen Furt. Vorsichtig wage ich die ersten Schritte in die Fluten. Was für eine Kälte! Die Strömung will mich mit sich reißen, mühsam halte ich Stand, verliere fast die Balance, wenn ich voranschreite. Meine Füße sind inzwischen vollkommen taub. Erst als ich das gegenüberliegende Ufer erreicht habe und sie durchknete, kehrt das Gefühl mit stechendem Schmerz zurück. Meine erste Bewährungsprobe an Islands Gletscherflüssen habe ich bestanden. Doch ich ahne, dass schlimmere Prüfungen auf mich warten.

Vom Rastplatz Emstrur wandere ich die nächsten Tage durch einsame Steinlandschaft, die mich gerade durch ihre Kargheit begeistert und durch ihre Weite fasziniert. Ein kristallklarer Bach bringt ein wenig Grün in diese Kältewüste. An seinem Ufer gedeihen Engelwurz und Quellmoos, dessen Giftgrün durch die weißen Farbtupfer des Wollgrases gemildert wird.

Tiere kommen im Hochland nur selten und vereinzelt vor, da sie hier keine günstigen Lebensbedingungen vorfinden. Islands heutige Flora entwickelte sich erst nach der letzten Eiszeit aus Samen, die Vögel und Wind auf die Insel brachten. Später führten die eingewanderten Menschen Pflanzen

Oben: Naturschauspiel: Der Geysir schleudert ein Säule kochendes Wasser aus dem Erdinneren heraus.

Unten: Im Jahr 1783 öffnete sich die Erde in Island kilometerweit, die Lakisspalte. Magma strömte heraus, ergoss sich bis zur Küste und brachte Verderben über die Menschen. Seitdem ist die Landschaft mit einer 20 Meter dicken Lavaschicht versiegelt, bedeckt von Moosen und Flechten.

ein. Tiere hatten es ungleich schwerer, denn Europa und Amerika liegen weit entfernt, Norwegens Küste beispielsweise 900 Kilometer jenseits des Europäischen Nordmeers. Für Amphibien und Reptilien blieb die Insel unerreichbar. Außer für See- und Zugvögel war auch für zahlreiche Singvögel der Weg über das Wasser zu weit. Ein paar wurden jedoch von Windströmungen hierher verweht oder schafften es aus eigener Kraft. Deshalb leben an der Küste auch Zaunkönige, Bachstelzen, Stare, Sperlinge und Amseln.

Schnatternde Töne lassen mich zum Himmel blicken. Ein Schwarm grauer Kurzschnabelgänse rauscht durch die Luft, die sich durch ihre rosa Beine von allen anderen Gänsen unterscheiden. Sie gehören zu den wenigen Vogelarten, die im Hochland brüten. Gefahr droht ihnen nur vom Polarfuchs, dem einzigen Säugetier, dem es gelungen ist, von Grönland über das zugefrorene Meer nach Island einzuwandern. Alle anderen Säugetiere hat der Mensch mitgebracht, auch die Rentiere.

Je länger ich unterwegs bin, umso mehr verzaubert mich die Weite des Hochlandes. Staunend wandere ich durch das herbe Land, das wie ein Paradies auf mich wirkt. Es beglückt mich, dass ich mich in dieser urwüchsigen Wildnis heimisch fühle.

Am späten Abend erreiche ich das Camp am See Álftavatn. Kaum habe ich mein Zelt aufgebaut, zieht ein Unwetter auf. Der Wind faucht wie zornige Wildkatzen, schwarze Wolkenbänke rasen heran. Im Nu ist der Himmel pechschwarz und Regen prasselt herab. Nach dem Wolkenbruch ist der Himmel wie blank geputzt. Die Sonne scheint, obwohl es bald Mitternacht ist. Es herrscht dieses besondere Licht, das die Landschaft in warme Farben taucht und ihre Formen wie bei einem Relief plastisch hervortreten lässt.

Beeindruckt wandere ich immer weiter durch die fremdartige Landschaft. Dampf steigt überall auf. Es zischt und faucht, kochendes Wasser spritzt aus Erdspalten, steigt himmelhoch. Immer wieder zeigt mir die Erde, wie jung und lebendig sie ist, und jederzeit bereit, die dünne Erdkruste mit ihrem heißen Atem wegzupusten. Mein Weg führt an heißen Quellen vorbei, an Bächen mit rotem und schwefelgelbem Wasser und über Berge aus Rhyolith, die rot, gelb, orange, weiß und grün schillern. Das bunte Gestein entsteht, wenn Magma an der Luft abrupt abkühlt.

An einem Tag verhüllt Nebel das Land, aus dem ab und zu ein Steinhaufen sichtbar wird, an denen ich mich orientiere. Als sich der Nebel lichtet, erkenne ich ein breites Plateau, über das sich diese Markierungen in dichter Kette aneinanderreihen, damit sich Wanderer nicht verirren.

Von einem karminroten Berg blicke ich hinunter in ein weitverzweigtes Flusstal. Überraschend leuchtet es Grün zu mir herauf – es ist die Oase Landmannalaugar. An der »Landmännerquelle« entspringen heiße Quellen, deren Wasser dafür sorgt, dass mitten in der Lavawüste Pflanzen wachsen. Ich mache ein paar Tage Rast, genieße das Bad in den heißen Quellen und besteige die umliegenden, farbenbunten Berge, bevor ich auf der Sprengisandur, dem alten Verbindungsweg aus Wikingertagen, durch das Hochland weiterwandere.

Meine Route bis zur Nordküste ist nicht als Wanderweg angelegt. Deshalb kann ich unterwegs die Einsamkeit genießen, die mir erlaubt, tief in die Natur einzutauchen. Das isländische Hochland ist steinig, trocken. Geröll, Kies, Steine, Sand – eine Urlandschaft, in der die Farbe Grau vorherrscht. Doch wie mit einem Zauberstab berührt, leuchtet ein Hügel plötzlich golden auf, wenn die Sonnenstrahlen durch ein Wolkenfenster auf ihn fallen. Oder ein Lavafels beginnt zu glitzern, als sei er von Smaragden übersät. Wenn sich das magische Licht hinter den Wolken ausruht, betört mich die Eintönigkeit der Landschaft. Da das Auge von der Weite gebannt ist, richtet sich die Aufmerksamkeit nach innen. Mein Körper verliert seine Abgrenzung, als würde ich mich auflösen und mit der Umwelt verschmelzen, klein wie ein Sandkorn und dabei unermesslich groß bis zum Horizont.

Sturm zwingt mich, aus meiner inneren Versenkung aufzutauchen. Sand, Staub, Asche fegen durch die Luft, nehmen mir den Atem und verdunkeln die Sonne. Die Sandkörner dringen mir schmerzhaft in die Augen, die Ohren, die Nase. In der weiten Ebene gibt es keine windgeschützte Stelle, keinen Unterschlupf. Mein Zelt kann ich unmöglich aufbauen. Ich kämpfe mich weiter, das Gesicht mit Tüchern bedeckt,

Oben: Gezackte Bergkämme begrenzen die Gletscherzunge, die vom Vatnajökull, dem größten Gletscher Islands, herabströmt. Ein eindrückliches Beispiel, wie Gletscher die Landschaft formen.

Rechts: In der Gletscherlagune Jökulsárlon an der Südküste Islands treiben Eisberge bis hinaus ins Meer. Das Eis stammt von einer der zahlreichen Gletscherzungen, die vom Vatnajökull herabströmen.

»Island ist für mich ein raues Paradies, ein Land, in dem sich Wasser und Feuer einen nicht endenden Kampf liefern, wo die wilde Natur die Hauptrolle spielt. Doch den Isländern ist es gelungen, rund um die Insel an der Küste eine moderne Zivilisation zu gestalten. Dieser Kontrast und die Nähe zwischen Wildnis und modernem Leben hat mich fasziniert.«

Oben: Eine historische Holzkirche: Schon im Jahr 1001 sind die Isländer bei einer ihrer jährlichen Thingversammlungen zum Christentum übergetreten.

Unten: Islandpferde gehören einer eigenen, sehr alten Rasse an, denn seit der Einwanderungszeit im 9. Jahrhundert wurden sie nicht mit anderen Pferden außerhalb Islands gekreuzt.

Rechts oben: Der Svarifoss, übersetzt »Schwarzer Wasserfall«, wird von Basaltsäulen wie Orgelpfeifen eingerahmt.

Rechts unten: Die Papageitaucher brüten jedes Jahr mit demselben Partner.

Meine Wanderung längs durch Island führt entlang der vulkanisch aktiven Zone. Das glutflüssige Magma ist hier abrupt abgekühlt und zu buntem Rhyolith auskristallisiert. ▽

sodass nur ein schmaler Sehschlitz bleibt. Schließlich bin ich so erschöpft, dass ich kraftlos niedersinke. Da entdecke ich an einem felsigen Hang eine Höhle. Sie ist gerade tief und lang genug, um meinen Schlafsack auszubreiten. Ermattet krieche ich hinein und blicke hinauf zum Felsendach. Draußen wütet das Unwetter mit Hagel und Schneetreiben, doch ich fühle mich wunderbar geborgen. Am nächsten Morgen weckt mich eine strahlende Sonne. Windstille und ein blitzblauer Himmel erfreuen mich beim Weitergehen.

Ein raues Paradies

Die isländische Szenerie scheint nicht von dieser Welt zu sein. Das seit Jahrtausenden von Feuer und Eis geprägte Hochland sieht noch genauso aus wie im 9. Jahrhundert, als die Wikinger einwanderten. Sie brachten ihre nordischen Götter mit, aber erst in Island wurden die mündlichen Überlieferungen in der Edda niedergeschrieben. Die wilde Naturkulisse bot den Sagen und Legenden den passenden Hintergrund. Während ich durch diese beeindruckende Welt wandere, fühle ich mich in die Vergangenheit zurückversetzt. Ich stelle mir vor, wie die ersten Menschen hier ankamen und allmählich von diesem fremdartigen Land Besitz ergriffen, in dem sich Eis und Feuer einen nicht enden wollenden Kampf liefern.

Auf dem von erstarrter Lava bedeckten Hochland ragen erloschene und noch aktive Vulkane auf. Die höchsten sind mit Gletschern bedeckt, die eine unheimliche Ruhe ausstrahlen. Die Stille und Einsamkeit vermitteln mir ein Gefühl, als sei ich der einzige Mensch auf der Erde.

Länger als einen Monat bin ich in diesem rauen Paradies unterwegs, in dem das Licht zu zaubern versteht. Unterwegs hat mich die Weite in sich aufgenommen und durchdrungen, fühlte ich mich jenseits unserer Zivilisation. Schließlich erreiche ich die Nordküste. Im Hafen von Húsavík liegen Ausflugsboote vor Anker. Die Ortschaft hat nur 2500 Einwohner, doch nachdem ich solange keine Menschen gesehen habe, erscheint sie mir ungewöhnlich belebt. Ich liebe diesen Kontrast, diesen Wechsel zwischen Wildnis und Zivilisation. Auf dem Zeltplatz genieße ich eine warme Dusche, die erste seit Wochen, und kann mich endlich wieder sattessen.

Auf Húsavíks Hausberg, den Húsavíkarfjall, nehme ich Abschied von Island, der Insel voller Gegensätze mit heißen Quellen und eisigen Gletschern, feuerspuckenden Vulkanen und ungezähmten Wasserfällen, mit moderner Zivilisation an den Küsten und unberechenbarer menschenleerer Natur im Hochland. Beim Blick über das weite Meer beschleicht mich eine leichte Wehmut, wie immer, wenn ein Ziel erreicht ist. Doch zugleich tröstet mich das Wissen, dass die Erlebnisse auf Island mich ein Leben lang begleiten und erfreuen werden.

DEM FREMDEN BEGEGNEN

Philippinen und Louisiana/USA

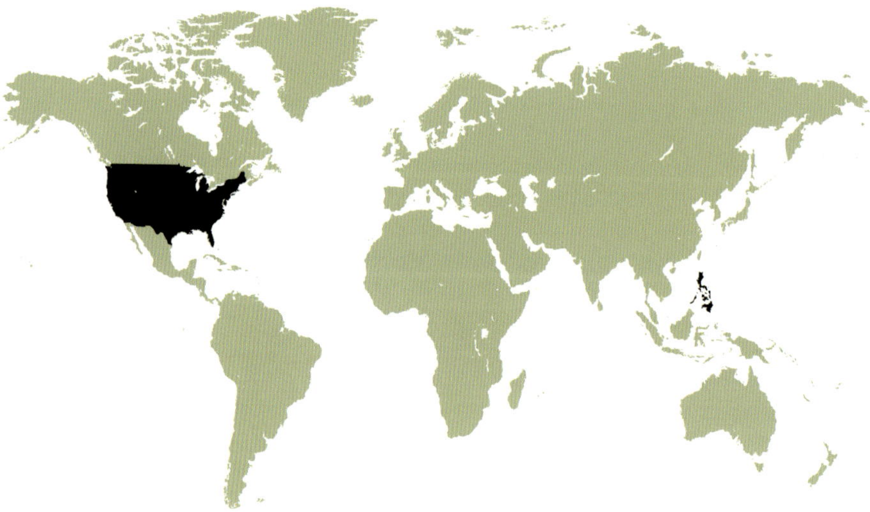

Eine junge Frau vom Stamm der Tau't Bato, der zurückgezogen im Bergregenwald Palawans lebt.

BEI DEN TAU'T BATO AUF PALAWAN

Tropische Schwüle nimmt mir den Atem. Lärm umbrandet mich. Stimmengewirr, Geschrei, Hupen, Geklingel verschmelzen zu einem ohrenbetäubenden Klangteppich. Meiner Freundin Ulrike scheint dies nichts auszumachen. Unsere gemeinsame Reise auf die philippinische Insel Palawan war ihre Idee gewesen.

Ein Tricycle bringt uns durch den chaotischen Verkehr der Provinzhauptstadt Puerto Princesa zu unserem Hotel. Dort findet Ulrike schnell Kontakt zu anderen Reisenden, gemeinsam gehen wir essen, schlendern über den Markt und besuchen Sehenswürdigkeiten. Ich fühle mich jedoch zunehmend unbehaglich und frage mich, warum ich in ein fernes Land reisen soll, wenn ich nur andere europäische Reisende kennenlerne und von dem Leben der Menschen hier höchstens einen oberflächlichen Blick erhasche.

Deshalb horche ich auf, als mir die philippinischen Geologen Alfredo und Manuel von den Tau't Bato erzählen, die in den Bergen oberhalb ihres Basiscamps im Süden Palawans zurückgezogen im Urwald leben. »Komm doch mit uns«, laden sie mich ein. Diese Chance möchte ich unbedingt ergreifen, und Ulrike hat nichts dagegen, dass wir uns trennen. Sie weiß, dass ich seit meiner Kindheit davon träume, das Leben von Menschen kennenzulernen, die von unserer Zivilisation noch wenig beeinflusst sind.

Immer am Fluss entlang ...

Und so sitze ich schon am folgenden Tag in einem Bus, der an der Westküste Richtung Süden fährt. Nach einem flachen Küstenstreifen erheben sich an der linken Seite die Urwaldberge, winzige Dörfer liegen zwischen Reisfeldern. Es ist schon spät, als wir endlich unser Ziel erreichen: eine kleine Siedlung, die sich an der Flussmündung des Singnapan zwischen Palmen in die Landschaft schmiegt. Die Hütten stehen auf Bambusstelzen, die Wände bestehen aus geflochtenen Palmblattmatten und die Dächer sind mit Palmwedeln bedeckt. Jedes Häuschen hat einen Vorbau oder eine Veranda. Die Tau't Bato, so erfahre ich, kommen gelegentlich aus den Bergen in die Siedlung, um Reis und andere Nahrungsmittel, aber auch Tabak, Stoffe, Messer und Macheten einzutauschen.

Zwei Tage später führen mich die beiden etwa vierzehnjährigen Jungen Ferdinand und Ramos am Ufer des Singnapan flussaufwärts. Links und rechts liegt Farmland, doch bald wird der Pfad durch den dichten Busch so schmal, dass man nur noch hintereinandergehen kann. Ferdinand und Ramos verabschieden sich und kehren in ihr Dorf zurück.

Nun bin ich allein. Prickelnde Spannung durchflutet mich. Meine Sinne sind hellwach, ich lausche auf jedes Geräusch. Allmählich verschwindet der Pfad in der wildwuchernden dornigen Ufervegetation, die unpassierbar ist. Mir bleibt nur, im Fluss weiter bergauf zu wandern, der hier im Oberlauf schon weniger Wasser führt. Ab und zu bleibe ich stehen, um die fantastische Landschaft in mich aufzunehmen. Am Ufer ragen Bäume weit aus dem Unterholz heraus. Ihre Äste sind dicht mit Bromelien, Farnen und Orchideen bedeckt. Von ihren Zweigen hängen Lianen bis zum Wasser herab. Manchmal schwirrt ein Eisvogel vorbei. Einmal ein Schwarm grünflügliger Papageien. In einer Baumkrone entdecke ich einen Hornvogel. Blaue Falter, groß wie meine Hand, gaukeln umher. Dicht an dicht sitzen auf dem feuchten Kies orangegelbe Schmetterlinge wie ein bunter Teppich, der sich plötzlich flatternd in die Luft erhebt. Ich fühle mich wie in einem Traum, bin verzaubert von der Schönheit der unberührten Natur. Ein tiefes Glücksgefühl durchströmt mich.

Der Fluss rauscht leise, plätschert an den Steinen entlang. Ab und zu ein Vogelruf, sonst ist es still. Plötzlich sehe ich im Ufersand etwas, das mich elektrisiert: ein Fußabdruck. Mein Herz schlägt schnell. Sie sind also da! Ich habe sie gefunden. Vielleicht beobachten sie mich schon lange. Meine Knie werden weich bei diesem Gedanken. Wie wird die erste Begegnung sein? Aufmerksam betrachte ich den Urwald rechts und links des Flusses. Kein Zweig bewegt sich. Alles bleibt still.

Auf einer Kiesfläche mitten im Fluss finde ich weitere menschliche Hinterlassenschaften: eine Feuerstelle, einen Korb und ein geflochtenes Band aus Bast. Beim Weitergehen blicke ich immer wieder hinauf zu den bewaldeten Bergen, in denen der Singnapan entspringt. Auf einmal entdecke ich erneut Fußspuren am Uferrand. Sie führen vom Fluss fort, hinein in den Urwald. An einem sprudelnden Bergbach sind

Oben: Die Tau't Bato bauen einfache Hütten aus Bambus und Palmwedeln, bei starken Tropenregen suchen sie Zuflucht in Höhlen.

Unten: Ein Dschungelbaby: Umsorgt von seiner Familie wächst dieser Junge im Urwald auf.

Zweige gut sichtbar in Augenhöhe geknickt worden. Ich bin mir sicher, das Zeichen gilt mir – die Bergbewohner brauchen bestimmt keine Markierungen, um sich zu orientieren. Sie haben mich beobachtet und weisen mir den Weg. Mit klopfendem Herzen biege ich in den schmalen Bachlauf ein. Er ist tunnelartig von Pflanzengewirr überwölbt. Das Sonnenlicht fällt grün gefiltert durch die Blätter. Das klare Wasser springt lustig über runde Steine und bunte Kiesel. Von meinen Schritten werden Frösche aufgeschreckt, die sich mit weiten Hüpfern in Sicherheit bringen. Wo das Wasser weniger schnell fließt und sich in Gumpen sammelt, entdecke ich braune Landkrabben. Eine handtellergroße Spinne hängt in der Mitte ihres riesigen Radnetzes, das sie zwischen zwei Bäumen gewebt hat. Ich fühle mich wie ein Forscher vergangener Zeiten, über deren Abenteuer ich in Büchern gelesen habe. Ja, so habe ich mir mein Leben vorgestellt, als Nachgeborene auf den Spuren früherer Entdecker.

Erneute frisch gebrochene Zweige zeigen mir einen schmalen Pfad, den ich im Grün der dichten Vegetation übersehen hätte. Er führt abseits des Baches den Berg hinauf. Ich bleibe kurz stehen, atme tief durch, rufe mir die Begrüßungsformeln und ein paar erklärende Sätze ins Gedächtnis, die mich die Dorfbewohner gelehrt haben.

Dann geht alles sehr schnell. Ein paar Schritte und der Pfad weitet sich zu einer Lichtung. Von einer Plattform aus Bambus blicken mir vier Männer, fünf Frauen und zwölf Kinder ernst und neugierig entgegen.

»Kumusta! Magandang araw!«, rufe ich. Die Frauen und Männer lächeln, grüßen zurück und heißen mich mit »Mabuhay!« willkommen. Mit einer Geste bedeuten sie mir, bei ihnen Platz zu nehmen. Die Kinder drücken sich scheu an ihre Mütter, schauen mich mit großen Augen staunend an. Die Kleinsten sind nackt, die älteren Mädchen tragen wie die Frauen ein knielanges Stück Stoff um die Hüfte gewickelt, die Jungen und Männer sind nur mit einem Lendenschurz bekleidet.

Ich bitte darum, eine Weile bleiben zu dürfen. »Magkano araw?«, wie viele Tage?, fragt der älteste Mann. »Sampu«, sage ich und halte meine gespreizten zehn Finger in die Höhe. »Mabuhay!«, heißt mich der Mann noch einmal willkommen. Murmelnd wiederholt die Gruppe den Willkommensgruß. Ich lächle und freue mich. Der erste Schritt ist getan, der unsichere Moment der Ankunft ist überwunden.

Der Älteste, Labisan, wendet sich mit einer Rede an die Gruppe, von der ich nur ein Wort verstehe, das Haus bedeutet. »Wir bauen dir eine eigene Hütte«, macht er mir klar. Ich bin betroffen, ihnen mit meiner Anwesenheit so viel Mühe zu bereiten, doch sie erklären mir, dass ich Schutz vor dem Regen brauche. Am nächsten Tag ist meine Unterkunft fertig. Ein Stelzenhaus, ähnlich den Hütten an der Küste. Ein leichtes Gestell aus Bambusstangen abgedeckt mit Palmblättern, der Boden aus dünnen Stangen, dicht an dicht aneinandergelegt.

Als Gastgeschenk habe ich fünf Kilo Reis mitgebracht, der bei den Tau't Bato sehr begehrt ist, weil er in ihrem hochgelegenen Siedlungsgebiet nicht wächst. Mein Geschenk kommt gut an. Fröhlich schwatzend wird die Gabe unter den vier Familien gerecht aufgeteilt. Während der ganzen Zeit meines Besuches konnte ich nie beobachten, dass nicht

Mit ihren Holzbooten wagt sich die Küstenbevölkerung Palawans zum Fischen hinaus aufs Meer, mit den Auslegern an den Seiten wird das wackelige Gefährt stabilisiert.

Die Tau't Bato leben vereinzelt in kleinen Gruppen im Urwald, pflanzen Bananen und Maniok an, jagen und sammeln die Früchte des Waldes.

Padok und Muklin führen mich zu ihrem Maniokfeld, für das nur wenige Bäume gefällt wurden. Nach einigen Jahren wird ein neues Stück gerodet und das alte Feld dem Urwald zurückgegeben.

geteilt wurde. Wenn ich einem Kind eine Leckerei gab, wurde diese sofort in Stücke zerlegt und den anderen gegeben. Bei den unsicheren Lebensbedingungen im Dschungel ist diese Solidarität überlebenswichtig.

Meine Gastgeber sind stets schon bei Tagesanbruch putzmunter. Jeden Morgen machen sie in meiner Hütte Feuer für mich und kochen Reis, denn auch ich habe meinen Anteil erhalten. Manchmal frühstücken wir gemeinsam, oft aber haben sie schon gegessen, und die Erwachsenen verschwinden im Urwald. Am Abend kochen wir wieder an meiner Feuerstelle, was sie gesammelt oder erlegt haben, und verzehren es gemeinsam.

Den Tag über bin ich mit den Kindern allein, die sich mir eng anschließen. Vor allem die zwei ältesten Mädchen, Padok und Muklin, weichen mir nicht von der Seite, als wollten sie mich vor den Gefahren des Urwaldes behüten. Ich ahne, dass die Eltern sie dazu ermahnt haben, doch sie erfüllen ihre Aufgabe mit einer liebenswerten Hingabe, die mich tief berührt. Eines Tages führt mich die etwa vierzehnjährige Padok bergauf zu einer Höhle. Lächelnd erklärt sie mir, dass sie dort mit ihren Eltern wohnt, wenn es viel regnet. Nahe am Eingang dienen aus Rattan geflochtene Gestelle als Schlafstätten, eine Feuerstelle und ein paar Bastkörbe sind zu sehen. Padok führt mich weiter in die riesige Höhle hinein, die sich zu einem vielleicht 100 Meter hohen Gewölbe aufbaut. Padok hat eine Harzfackel entzündet. In ihrem Schein erkenne ich Stalagmiten am Boden, die Wände glitzern wie Kristall. Ein enger Gang führt weiter in die Tiefe und weitet sich zu einem zweiten Saal, der mich an eine Kirche erinnert. In der hintersten dritten Halle ist das Höhlendach eingestürzt. Tageslicht erhellt wie ein mystisches Versprechen die Dunkelheit, lässt Farne und Moose an den Höhlenwänden wachsen.

Leben von dem, was der Dschungel gibt

Im Lauf der Zeit zeigen mir die Tau't Bato, wie sie ihre Lebensgrundlage erwirtschaften. An einem Tag nehmen mich die Frauen mit zu ihrem Feld, um Maniok zu ernten, den sie *sanglei* nennen. Zuerst erkenne ich die etwa 30 Meter im Quadrat angelegte Pflanzung gar nicht als Feld, in meinen Augen sieht sie wie eine Lichtung aus, die ein Sturm freigeräumt hat. Bäume liegen am Boden, andere stehen noch. Dazwischen wächst mannshohes frisches Grün. Die Felder werden zwei bis fünf Jahre bewirtschaftet, bis der Boden erschöpft ist. Dann wird wieder ein Stück Urwald gerodet, und das aufgegebene Feld verwandelt sich allmählich wieder in Wald.

Die Frauen legen die ausgegrabenen Wurzeln in Bastkörbe und balancieren sie auf dem Kopf zu ihren Hütten. Unterwegs entdecken sie an einem Baumstamm orangerote Pilze, sammeln Schnecken und Raupen, die am Abend verteilt werden. Jeder bekommt seinen Anteil. Ebenso wird verfahren, wenn die Männer mit ihren Blasrohren Glück hatten oder ein Bartschwein in der Falle gefangen haben.

Schließlich darf ich auch einmal die Männer auf der Jagd begleiten. Einer hinter dem anderen bewegen sie sich rasend schnell auf den ausgetretenen Pfaden. Durch das belaubte Kronendach fällt nur wenig Licht bis zum Erdboden, weshalb hier kaum Pflanzen wachsen und man weit sehen kann. Plötzlich bleiben alle stehen und blicken hinauf in die Krone eines Baumes mit imposanten brettartigen Wurzeln. Mapa setzt das etwa zwei Meter lange Blasrohr an den Mund, atmet tief ein und bläst den Pfeil aus dem Rohr. Blätter rauschen, ein dunkler Körper schlägt auf Äste und Zweige, fällt bis zum Boden. Es ist ein seltener Marderbär. Die Tau't Bato nennen die auf Palawan endemische Schleichkatze *binturong*.

Nach weiterer Wegstrecke bleibt der Trupp unter einem majestätischen Baum stehen, dessen silbrig glänzende Rinde sich wie Seide anfühlt. Erst etwa 20 Meter über dem Erdboden beginnt sich die Krone zu verzweigen – unmöglich, dort hinauf zu klettern. Oben sei eine *gumuko*, eine Bruthöhle, mit Jungvögeln, die sie holen wollen, erklären mir die Männer. Mapa klettert auf einen Baum in der Nähe und wirft von dort in die Krone des Baumriesen eine Art Enterhaken, an dem ein Lianenseil doppelt befestigt ist. Als der

Oben: Mein Gastgeber Labisan bietet mir süß-sauere Urwaldfrüchte an.

Unten: Die Menschen auf den Philippinen sind es gewohnt, auch schwere Lasten auf dem Kopf zu tragen.

»Die wertvollsten Erfahrungen habe ich bei Begegnungen mit Menschen der verschiedensten Kulturen machen können. Es waren immer wieder neue und überraschende Momente, die mich geprägt und bereichert haben, die meinen inneren Horizont erweiterten.«

Oben: Mapa zerklopft giftige Baumrinde, mit der die Fische betäubt werden. Mit dem Saft dieser Rinde werden auch die Giftpfeile getränkt.

Unten: Der milchige Saft der giftigen Rinde trübt das Wasser, während Muklin mit dem Kescher die erstarrten Fische, Krebse und Frösche fängt.

Das Fischerdorf Ransang an der Westküste Palawans wurde auf den urwaldtypischen Stelzen erbaut, um die Bewohner vor Feuchtigkeit zu schützen. ▽

Enterhaken fest im Geäst klemmt, hangelt er sich daran völlig ungesichert, 20 Meter über dem Erdboden, hinüber. Drüben angekommen, greift er in ein Loch zwischen einer Astgabel und holt drei junge Papageien heraus. Die Jungvögel sind noch unbefiedert, haben aber schon die Augen offen. Mapa will sie an der Küste gegen begehrte Waren eintauschen.

An einem anderen Tag gehen alle, Frauen, Männer, Kinder, zum Fischen. Geschickt stauen sie einen Bach mit einem Damm aus Steinen, Blättern und lehmiger Erde an. Die Rinde eines Baumes, aus der sie auch das Gift für ihre Pfeile gewinnen, wird zu Brei geklopft. Das Wasser färbt sich milchig, bald treiben Fische, Krebse, Krabben und Frösche betäubt an der Oberfläche und werden mit Köchern aus Bast herausgefischt.

Verlorenes Paradies

Allmählich beginnt die Regenzeit. Zuerst regnet es nur ab und zu, dann jeden Nachmittag. Schon aus der Ferne hört man die Tropfen auf die Baumkronen prasseln. Das Trommeln kommt näher, rollt unaufhaltsam heran wie eine urgewaltige Flutwelle. Das Strömen des Wassers beherrscht die schweigende Welt. Dann, fast ohne Übergang, bricht wieder die Sonne durch die Wolken. Wunderbare Reflexe tanzen auf den Blättern, Vögel lassen ihre Stimmen erschallen und die Zikaden stimmen wieder ihren Singsang an. Statt der angekündigten zehn Tage, bin ich nun schon vier Wochen bei den Tau't Bao. Es wird Zeit für mich zu gehen, denn bald werden die Flüsse unpassierbar sein.

Am letzten Abend steige ich hinauf zu einer Lichtung und genieße den weiten Blick über die Täler und bewaldeten Hügel bis hinauf zum Gipfel des Matalingahan. Im Licht der Abendsonne heben sich die Bäume plastisch in verschiedensten Grüntönen voneinander ab. Papageien fliegen als dunkle Silhouetten am Himmel, ein Kakadu segelt einer weißen Blüte gleich über den Bäumen und verschwindet im Geäst. Nebel zieht aus den Flusstälern an den Hängen in die Höhe, umhüllt und umspielt mit federleichten Schleiern die Baumwipfel. Die Sonne versinkt hinter dem Bergkamm des Matalingahan und zaubert ein rotes Farbenspiel an den Himmel. Als hätten die Zikaden auf dieses Signal gewartet, stimmen sie ihren Abschiedsgesang für mich an.

Am nächsten Morgen wandern Frauen, Kinder und Männer mit mir zur Küste, nur die Kleinsten bleiben unter der Obhut von Padok zurück. Die Männer sind mit dicken Rattanbündeln beladen, die Frauen balancieren auf ihren Köpfen Körbe mit Papageien und Honigwaben.

Den Abschiedsschmerz verspüre ich erst unten am Meer. Es ist Nacht. Die Wellen brechen sich rauschend am Strand. Der Vollmond leuchtet silbern durch die Palmwedel. Warme Luft streichelt meinen Körper. Und dann werde ich Zeuge eines fantastischen Naturphänomens: An den Bäumen an der Flussmündung erstrahlen plötzlich unzählige blinkende Lichter. Wie herabgefallene Sterne leuchten alle gleichzeitig auf und erlöschen wieder. Im steten pulsierenden Rhythmus erstrahlt die Nacht wie bei einem festlichen Feuerwerk, um kurz darauf schlagartig wieder in tiefe Dunkelheit zu verfallen. Es dauert eine Weile, bis ich begreife, dass für dieses unvergessliche Schauspiel Myriaden von Glühwürmchen verantwortlich sind. Nie zuvor habe ich etwas so Schönes gesehen.

Angesichts dieses magischen Erlebnisses betrübt mich umso mehr, dass Palawan mit einer Ringstraße erschlossen werden soll, dass chinesische Holzfirmen dabei sind, den Bergurwald abzuholzen, dass Minen angelegt werden, um die Bodenschätze großräumig abzubauen. Warum müssen wir Menschen, wo immer wir hinkommen, die Natur zerstören?

Abschied von Palawan. Als ich aus dem Flugzeugfenster schaue, erblicke ich tief unten die türkisschillernde Küstenlinie, die Hügel, Berge, Täler, Flüsse und den Urwald. Dort werden die Tau't Bato bald nicht mehr so frei und selbstbestimmt leben können. Wehmut ergreift mich, denn ich weiß, es ist ein Abschied für immer. Ein Teil meines Selbst ist dort unten bei den liebenswerten Menschen geblieben.

IM TIEFEN SÜDEN DER USA – CAJUN-MUSIK UND ZYDECO

Als ich in New Orleans aus dem Flugzeug steige, habe ich zwar eine Handvoll Namen, aber keine Adressen. Ich will eine Dokumentation über die Musik der Cajuns drehen, aber es ist mir ein Rätsel, wie ich die Musiker, die ich interviewen möchte, finden soll.

Louisiana ist etwa doppelt so groß wie Bayern, davon nimmt das Cajun Country etwa die Hälfte ein. In diesem abgeschiedenen Gebiet leben die französischsprachigen Nachfahren von Einwanderern aus der Acadie, der ehemaligen französischen Kolonie an der Ostküste Kanadas. Ihr Name, Acadiens, verschliff sich mit der Zeit zu »Cajuns«.

Der geplante Film ist nicht meine erste Dokumentation. Reisen, Schreiben, Fotografieren und Filmen bilden für mich eine Einheit. Auf diese Weise kann ich mich ausdrücken und meine Erlebnisse festhalten. Geschrieben und fotografiert habe ich schon als Jugendliche, mit dem Filmen habe ich am Max-Planck-Institut in Seewiesen angefangen. Dort standen mir ein Schneidetisch, ein Tonstudio und Kameras zur Verfügung. Nachdem ich mich bei Aufnahmen über Tiere in den Alpen erprobt hatte, drehte ich meinen ersten richtigen Film über die Meerechsen auf Galapagos. Es folgten Tierfilme in Tansania, Kenia, Südafrika und Namibia. Mein Interesse war jedoch nie nur auf die Natur beschränkt. So drehte ich Dokumentationen über das Leben der indigenen Bevölkerung in den Anden Ecuadors, die Nazca-Linien in Peru und die Zeit der Inka, aber auch über den Sänger Paolo Conte in Italien, den Tango in Argentinien, den Fado in Lissabon und die Musik auf den Kapverdischen Inseln. Wie mein aktuelles Projekt über die Cajuns und ihre Musik boten sie mir die optimale Gelegenheit, meine Leidenschaft für das Reisen, für fremde Kulturen und interessante Menschen auszuleben.

An meinem ersten Morgen in New Orleans erkunde ich in der Altstadt das French Quarter. Die Sonne scheint, blauer Himmel, die frühlingsfrische Aprilluft weckt meine Lebensgeister. Ich bewundere die gepflegten Häuser mit ihren filigranen, schmiedeeisernen Balkonen, es ist noch vor dem Hurrikan Katrina, der 2005 New Orleans verwüstete. Schließlich hole ich mein Mietauto ab, doch vor meiner Abfahrt ins Cajun Country will ich mir etwas Luxus gönnen. Ich verwöhne mich mit einem Essen im Restaurant in der drehbaren Kuppel des New Orleans World Trade Center, das einen fantastischen Blick auf die Stadt und das Mündungsdelta des Mississippi bietet.

Erste Kontakte

Der Kellner Iry merkt an meinem deutschgefärbten Englisch, dass ich keine Einheimische bin. Beim Abräumen des Tellers kann er seine Neugier nicht mehr bezähmen und will wissen, woher ich komme und ob ich in New Orleans Urlaub mache. Als ich ihm von meinem Cajun-Projekt erzähle, leuchten seine Augen. »Wow«, ruft er und nimmt an meinem Tisch Platz.

»Excuse me! You must know«, erklärt er mir seine plötzliche Vertrautheit, »I'm the only Cajun in whole New Orleans.«

Nun nehme ich zwar an, dass es sicherlich noch mehr von seiner Sorte in der Stadt geben würde, aber er war der einzige, den ich traf. Die Begegnung erweist sich als Glücksfall. Als ich ihm die in meinem Notizheft notierten Musikernamen nenne, springt er enthusiastisch von seinem Sitz in die Höhe.

»Michael Doucet – genau, ein guter Mann! Marc Savoy, oh das ist ein Großer, ein ganz Großer! Musst du unbedingt kennenlernen, und seine Frau Ann, obwohl, sie ist keine Cajun, trotzdem, sie hat das richtige Gefühl für unsere Musik, spielt zusammen mit den Magnolian Sisters. Merke dir, jeden Samstag ist bei Marc Cajun-Jam-Session, da triffst du unsere angesagten Musiker.«

Ideal für mich ist, dass Iry nicht nur die Namen kennt, sondern auch weiß, wo die Musiker wohnen, wenn auch nicht die genauen Adressen, aber die Orte. »Wenn du dort fragst, wird dir jeder auf der Straße weiterhelfen können. Wir Cajuns kennen uns untereinander und vor allem kennen wir unsere Musiker. Obwohl, niemand von denen, die du mir genannt hast, lebt vom Musizieren, alle haben andere Berufe und spielen zum eigenen Vergnügen bei Jam Sessions oder ab und zu für ein Trinkgeld in Bars und Tanzlokalen.« Und dann gibt Iry mir noch die Adresse seiner Tante in Henderson, die Zimmer vermietet.

Oben: Weit spannt sich die Brücke bei New Orleans über den Mississippi.

Unten: Von zwei Schaufelrädern angetrieben stampft das Streamboat, der Raddampfer, voll beflaggt an New Orleans vorbei.

Dankbar verabschiede ich mich von Iry und spaziere zum Mississippi. Ich blicke über das kilometerbreite Wasser, beobachte Frachtschiffe, die hinaus zum Ozean tuckern, erinnere mich an Szenen aus Mark Twains Huckleberry Finn und an die Sehnsucht nach Abenteuern, die mich als Jugendliche beim Lesen ergriff. Damals konnte ich nicht ahnen, dass ich einst wirklich am Ufer des großen Stroms sitzen würde.

Am nächsten Morgen fahre ich von New Orleans auf dem Interstate Highway 10, der auf Betonstelzen den Atchafalaya Swamp überspannt, nach Henderson. Irys Tante Maggi Perkins lebt außerhalb des Ortes auf einem Anwesen, das als Kulisse für einen Südstaatenfilm dienen könnte. Die weit ausladenden Kronen mächtiger Eichen beschatten ein lichtgraues Farmhaus mit einem von Säulen getragenen Vorbau und einer Freitreppe unter dem Halbbogen eines Balkons. Mein Zimmer liegt im ersten Stock, von dem aus ich weit ins Land blicke.

Maggi beschreibt mir den Weg zum Savoy Center, in dem sich am heutigen Samstag Cajun-Musiker zur Jam Session treffen. Sie erzählt mir, dass Marc Savoy ein genialer Akkordeonbauer sei und seine Modelle sogar in Deutschland nachgebaut würden.

Bei der Fahrt erfreue ich mich an Louisianas abwechslungsreicher Landschaft, die frei und offen wirkt. Es ist ein »blauer Tag«, der sich mir einprägt, denn selten sah ich einen so intensiv blauen Himmel. Die Sonne, die frische, warme Luft, der weite Raum, lassen mein Herz glückliche Hopser machen. Ich rolle vorbei an Getreide-, Zuckerrohr-, Soja-, und Reisfeldern, dann wieder an Wiesen mit vereinzelten Bäumen. An den Ufern von Seen, Teichen und Wasserläufen sehe ich im Vorbeifahren allerlei Wasservögel: Reiher, Ibisse, Enten. Am wolkenlosen Himmel kreisen Greifvögel, und einige Male überqueren Gürteltiere die Straße. Plötzlich schwarze Ungetüme, Ölpumpen, die das »Schwarze Gold« aus der Erde pumpen.

In einem kleinen Ort verweist ein von Bäumen halb verdecktes Schild auf das Savoy Center. Schon von außen schallt mir Musik aus dem einfachen Holzhaus entgegen. Als ich eintrete, nickt mir ein hochgewachsener, dunkelhaariger Mann kurz zu. Es ist Marc Savoy, bei dem ich mich telefonisch angemeldet habe. In dem Raum, von der Größe einer Wohnstube, drängen sich die Zuhörer, sodass ich Mühe habe, die Musiker zu entdecken. Ununterbrochen wird musiziert, nach Stunden beendet Marc die Jam Session, endlich habe ich Gelegenheit mich ihm vorzustellen.

»Thanks for your visit«, sagt er und schüttelt mir kräftig die Hand, als wolle er mich gleich verabschieden. Als ich ihn bitte, mir etwas über seine Akkordeons, die Musik und die Cajuns zu erzählen, meint er mürrisch, dafür gibt's doch Bücher, er sei kein Auskunftsbüro. Schließlich zeigt er mir doch seine Werkstatt. Mit einer seltenen Mischung aus Jovialität und Ungehaltenheit bringt er mich bald darauf zur Tür. Enttäuscht will ich schon zurückfahren, da kommt einer der Musiker auf mich zu und bietet mir an, ihn und seine Freunde zu einem Auftritt bei einer befreundeten Familie zu begleiten.

Oben: Eine typische Südstaatenvilla in Louisiana, beschattet von mächtigen Eichenbäumen.

Unten: Hadleys Band musiziert auf einer Plattform im Zypressensumpf.

Die Stube ist noch kleiner als bei Marc Savoy. Die Hausfrau serviert allen Gumbo, den traditionellen Eintopf. Man vermittelt mir das Gefühl, ich würde dazu gehören, so als wären wir schon lange miteinander bekannt. Schließlich werden drei Stühle auf den Tisch gestellt, auf denen die Musiker Platz nehmen. Einer spielt die *Fiddle*, so nennen die Cajuns die Geige, die sie aus ihrer alten Heimat mitbrachten, der andere Akkordeon. Deutsche Einwanderer führten das Instrument 1884 in Louisiana ein. Die Gitarre, die der Dritte spielt, gehört seit 1920 zu den typischen Cajun-Instrumenten. Eine Frau, sie ist als einzige der Musiker nicht mit oben auf dem Tisch, schlägt den *tit-fer*, den »kleines Eisen« genannten Triangel. »Let the bons temps ruler«, ruft Hadley, der die Fiddle spielt. Das lässt sich Roy nicht zweimal sagen: »Tu veux danser, chérie?«, und ehe ich mich versehe, drehe ich mich im Walzertakt. Nun verstehe ich auch, warum die Musiker mit Stühlen auf dem Tisch sitzen – damit genug Platz für Polka, Walzer und Two Step ist.

»Die Hütten, die die Einwanderer anfangs mühsam bauten, waren natürlich sehr klein«, erklärt mir Roy, mein Tanzpartner. »Nach der harten Arbeit während der Woche, brauchten die Menschen am Sonntag etwas, bei dem sie Lebensfreude tanken konnten, und da es noch keine Tanzhallen wie heute gab, versammelte man sich in den Stuben, zum Tanzen und Musizieren, und da die Wohnungen winzig waren, wurden die Musiker auf die Tische verfrachtet.«

Seit damals scheint sich nicht viel verändert zu haben, denke ich, während ich in die Runde schaue. Der Raum ist eng, die Musiker sitzen auf dem Tisch, die Gesichter der Tänzer sind entspannt, auf allen liegt ein glücklicher Glanz. Ich habe das Gefühl, die Zeit würde sich rückwärts drehen, so als wären die entwurzelten Menschen gerade erst hier ankommen, wo sie nichts vorfanden von dem sie leben konnten, nichts außer Sumpf und Moskitos.

»Wir wurden 1755 aus Nova Scotia in Kanada vertrieben«, erzählt mir später Hadley. »1604 wanderten Franzosen, vor allem aus der Bretagne, nach Übersee aus. Über 100 Jahre lebten sie friedlich in ihrer neuen Heimat, der Acadie, heute Nova Scotia. 1713 fiel das Gebiet der britischen Krone zu. Sie alle waren Katholiken, sollten nun den anglikanischen Glauben annehmen, unmöglich! Und den Treueeid auf das englische Königshaus sollten sie schwören. Bei einem Krieg mit Frankreich hätte das bedeutet, dass sie unter britischer Flagge auf ihre französischen Landsleute hätten schießen müssen.«

»Die Akadier haben sich geweigert?«

»Natürlich, alle! Von einem Tag auf den anderen mussten sie ihre Häuser verlassen. Frauen, Männer, Kinder, Alte und Kranke, alle ohne Rücksicht. Gewaltsam trieb man sie auf Schiffe.«

»Wohin fuhren die Schiffe?«

»Nirgendwohin! Es gab kein Ziel. Nur weg sollten sie, egal wohin. In Wellen und Sturm trieben die Schiffe auseinander. Familien sahen ihre Angehörigen, die auf verschiedene Schiffe verfrachtet worden waren, nie wieder.«

Zehn Jahre dauerte die Irrfahrt, während der die Menschen die Schiffe nicht verlassen durften. Viele starben an den Strapazen und Krankheiten. 1765 erreichten die Überlebenden schließlich Louisiana. Die französische Kolonie war jedoch, welch Ironie des Schicksals, kurz vor Ankunft der Akadier unter die Oberhoheit Spaniens gewechselt. Glücklicherweise gab es noch die französische Administration. Der französische Gouverneur hieß die Neuankömmlinge willkommen, denn er rechnete sich gute Chancen aus, dass sie das Sumpfland urbar machen würden. Mit unzureichenden Hilfsmitteln machten sich die Akadier an die Arbeit, und viele starben am Gelbfieber.

Die Musik war fast ihr einziger Hoffnungsschimmer, richtete sie auf, wenn sie an ihrem harten Leben verzweifeln wollten. Die Melodien sind aber nicht bedrückend schwer und melancholisch, sondern strömen über vor Leichtigkeit und Lebensfreude. Es ist eine Musik, die in die Beine geht,

Oben: Ein hoffnungsvoller Nachwuchsmusiker versucht sich selbst an der Quetsche.

Rechts: Diese historische Wohnstube der Cajuns findet man nur noch im Museum von Matinsville.

»Die Arbeit mit Filmkamera und Fotoapparat hilft mir, meine Scheu vor den Fremden zu überwinden, mich ihnen zu nähern und im besten Fall an ihrem Leben Anteil zu nehmen.«

Oben: Wenn Rosie Ledet ihrem Akkordeon schmissige Zydeco-Melodien entlockt, bleibt kaum jemand sitzen.

Unten: Das Lebenselixier der Cajuns sind Musik, Tanz und Feste, wie das beliebte Crawfish Festival, wenn die Süßwasserkrebse, die in den gefluteten Reisfeldern leben, geerntet werden. Diese Krebse gehören zur Leibspeise der Cajuns.

nach der man tanzen möchte und die ein Lächeln in die Gesichter zaubert. Die Liedtexte aber, vor allem die Balladen, erzählen von der Vergangenheit, Leid und Not.

»Kennst du Évangeline, unser Nationalepos? Henry Wadsworth Longfellow hat 1847 die wahre Geschichte von Emmeline Labiche als Versepos aufgeschrieben und so das Trauma der Vertriebenen künstlerisch verarbeitet. Darin wird die junge Évangeline von ihrem Verlobten bei der Verschiffung getrennt, wie so viele andere. Bis zu ihrem Lebensende sucht sie ihren Liebsten. Als sie ihn am Ende findet, ist ihnen kein Glück beschieden, denn er hat eine andere geheiratet. Die Lebensgeschichte von Emmeline Labiche, die Longfellow als Vorbild diente, war ähnlich tragisch. Sie fand ihren Verlobten todkrank in einem Hospital, wo er kurz darauf starb.«

»Das Leben ist hart, unser Essen ist scharf und die Musik heiter«, fügt Roy hinzu, der uns zugehört hat. Ich verstehe, das Cajun Country ist nicht nur völlig verschieden vom Rest der USA, sondern auch von der übrigen Welt. Es macht auf mich den Eindruck, als sei es aus der Zeit herausgefallen.

Es ist spät geworden. Die Sonne versinkt am Horizont in grauen Wolken. Die Gäste steigen in ihre alten Schlitten und brausen davon.

Einladung zum Tanz

Anderntags kündigt ein handbemaltes Schild neben einem Blechschuppen an der Landstraße nach Henderson eine Tanzveranstaltung mit Boozoo Chavis und seiner Band an, für mich eine gute Gelegenheit einen der besten Zydeco-Musiker zu erleben. Im Zydeco vermischen sich Elemente der Cajun-Musik mit karibischen und afroamerikanischen Stilformen. Der Name soll aus dem Titel des beliebten Lieds *Les haricots sont pas salés* – »Die Bohnen sind nicht gesalzen« – entstanden sein. »Les haricots« verschliff sich demnach zu »Zydeco«.

Die Tanzhalle heißt Slim's Y-Ki-Ki, ist ein ehemaliger Lagerschuppen und rappelvoll. Mir fällt zunächst gar nicht auf, dass ich die einzige Weiße bin. Der Veranstalter steigt auf die Bühne und heißt mich willkommen: »We got visit from Germany!«, ruft er ins Mikrofon und führt mich dann zu dem Tisch, an dem Boozoo mit seiner Familie sitzt.

Boozoo blickt mürrisch, bemerkt mich kaum und beschwert sich aufgebracht beim Veranstalter, dass die Gäste so zahlreich seien und dafür seine Gage viel zu klein sei. Später erfahre ich, dass Boozoo einst die Rechte für seinen größten Hit, *Papers in My Shoe*, an dem der Produzent Hunderttausende verdiente, für eine Handvoll Dollar weggab. Seitdem sei er verbittert und misstrauisch, erklärt mir seine Frau Leona, die mich auf den Platz neben sich gezogen hat. Sie ist eine imposante Erscheinung in schickem Glitzerkleid. Gutmütig lächelnd bietet sie mir gegrilltes Seafood aus einer Büchse an, die sie mitgebracht hat. Dann stellt sie mir ihre Söhne vor: Poncho, Charles und Rellis, die wie bullige Leibwächter neben ihr und Boozoo sitzen.

Es ist wirklich sehr heiß. Schwüler Dunst wabert durch den Tanzschuppen. Boozoo, von seinen Söhnen begleitet,

»Das Lebensmotto der Cajuns in einer ihrer typischen Mischungen englischer und französischer Sprache heißt: ›Let the bon temps rouler‹, frei übersetzt: ›Lasst uns das Leben genießen‹. Dass die Menschen sich trotz ihrer dramatischen Geschichte ihren Humor und ihre Überlebenskraft bewahrt haben, hat mich schwer beeindruckt.«

legt los. Ein Lied folgt dem anderen, eine wilde Musik. Die Leute drängen sich auf der Tanzfläche, kaum einer, der nicht tanzt. Mir fällt auf, wie elegant die Damen sich in Schale geworfen haben. Die Männer sind ihnen ebenbürtig, alle tragen festliche Anzüge mit einem Einstecktuch im Jackett.

Leona macht mich mit Rosa, der Frau des bekannten Zydeco-Akkordeonisten Bois Sec Ardoin bekannt, und schon habe ich eine Einladung für den nächsten Tag. So fahre ich am folgenden Morgen Richtung Norden. Die Gegend wird immer weiträumiger und trockener. Holzbaracken, Schuppen, Lagerhäuser, Reisspeicher fliegen vorbei, dann wieder kahle Prärie. In der winzigen Ortschaft Eunice öffnet mir Bois Sec die Tür zu seinem schmucken weißgetünchten Steinhaus. Hinter seiner hohen Gestalt ruft seine Frau »some coffee!«, was eine Aufforderung ist, einzutreten. Beide freuen sich über meinen Besuch, bald ist die gesamte Großfamilie versammelt, nebst Kindern und Enkeln.

Bois Sec heißt eigentlich Alphonse, den Spitznamen erhielt er bereits als Jugendlicher. Er hatte sich als Landarbeiter bei einem weißen Farmer verdingt, und während die anderen Arbeiter bei plötzlich einsetzendem Regen auf dem Feld überrascht wurden, blieb Alphonse regelmäßig trocken, eben wie trockenes Holz, denn bei den ersten Anzeichen eines Wetterumschwungs rettete er sich stets in eine Scheune oder einen Schuppen. Später zeigt er mir seine Orangenbäume hinter dem Haus, die er selbst gepflanzt hat und auf die er sehr stolz ist. Nicht weniger auf seine Schweinezucht, wahrlich riesige Tiere, denen es in dem weiträumigen Auslauf mit Suhle sichtlich gut geht.

Eine große Familie

Nachdem ich von Rosa und Bois Sec so liebenswürdig aufgenommen worden war, beschließe ich, auch die Familie von Boozoo Chavis in Lake Charles zu besuchen. Boozoos Frau Leona hatte mich bei der Tanzveranstaltung in Slim's Y-Ki-Ki eingeladen.

Die Landschaft an der vielbefahrenen Straße nach Westen erinnert mit Prärie, Zuckerrohr- und Sojafelder, Industrieanlagen und Fabriken immer weniger an die wasserreiche Region mit Flüssen und Kanälen, Bayous und Sümpfen. Lake Charles, am gleichnamigen See gelegen, hat rund 80 000 Einwohner und ist geprägt von der Petrochemie und dem Glücksspiel, wie die zahlreichen Kasinos zeigen. Die Grenze nach Texas ist nur 50 Kilometer entfernt. In der Stadt finde ich niemanden, der Boozoo Chavis kennt, weder im Tourismusbüro, nach an der Tankstelle ist sein Name den Leuten ein Begriff. Ziellos kurve ich herum. Ein Highway-Polizist wird auf meinen Fahrstil aufmerksam. Auf seinem Motorrad verfolgt er mich mit Blaulicht und fordert zum Halten auf. Ich kurble das Seitenfenster herab und bevor er etwas sagen kann, halte ich ihm meinen Stadtplan hin und bitte ihn, Boozoos Wohnhaus mit einem Kreuz zu markieren.

Mit einem Erfolg rechne ich nicht, ich will dem Polizisten nur den Wind aus den Segeln nehmen. Wider Erwarten zückt er jedoch einen Kugelschreiber und macht ein Kreuz in meinen Plan. »Fahren Sie nach Dog Hill!«, knurrt er dabei.

»Sie kennen Boozoo?«, frage ich perplex.

»Of course! Wir alle kennen ihn, er ist doch schließlich der König des Zydeco. Nur, weil Sie zu ihm wollen, müssen Sie keine Strafe zahlen. Sie waren zu schnell!«

Im Süden von Lake Charles finde ich in der Gartensiedlung Dog Hill schließlich Boozoos schönes Holzhaus inmitten eines parkähnlichen Grundstückes. Leona öffnet mit die Tür. »Hi, baby«, ruft sie freudig, »komm rein, wir essen gleich.« Sie führt mich in die geräumige Küche, in der alle versammelt sind, Söhne und Töchter, Schwiegertöchter und Schwiegersöhne und jede Menge Enkel. Auf dem Herd steht ein riesiger Topf mit Jambalaya, ein Reiseintopf, und ähnlich wie Gumbo mit allem angereichert, was die Küche hergibt.

»Boozoo schläft«, berichtet mir Leona. »Er ist erst am Morgen aus New Orleans zurückgekehrt, wo er einen Auf-

Weekly
UNIT 2

Straßenszene in New Orleans. Die Altstadt mit ihren Häusern im spanischen und französischen Kolonialstil gilt als die Wiege des Jazz.

tritt hatte.« Ich verbringe einen unterhaltsamen Nachmittag mit den Kindern, die mich zum Spielen animieren. Poncho, Boozoos Sohn, zeigt mir die Pferdezucht. Die Leidenschaft seines Vaters seien feurige Rennpferde, Pferderennen und Wetten, aber auch schnelle Wagen.

»Verdient man denn so viel mit der Musik?«, frage ich überrascht und sehr beeindruckt von den teuren Autos. »Nein, gar nicht«, Poncho lacht. »Zydeco machen wir nur zu unserem Vergnügen.«

Am späten Nachmittag erscheint der Hausherr auf der Bildfläche. Er begrüßt mich mit einem Kopfnicken und widmet sich zugleich dem Telefon. Es muss ein äußerst heftiges Gespräch sein. »Er telefoniert mit seinem Manager«, flüstert mir Leona zu. »Komm lass uns in den Garten gehen und das Barbecue vorbereiten.« Die Holzkohle glüht bereits, die Söhne haben schon alles hergerichtet, auch Fleisch und Gemüse liegen auf dem Grill.

Boozoo kommt gut gelaunt in den Garten. »Okay, du kannst hier bei uns filmen«, wendet er sich an mich. »Alles, nur mich nicht, hat der Manager verboten.« Mir ist sofort klar, dass damit noch nicht das letzte Wort der Verhandlungen gesprochen ist. »I'm sure you are able to make your own decision«, entgegne ich. Er lacht, nickt und angelt ein Steak für mich vom Grill, legt es schmunzelnd auf meinen Teller.

Es wird ein gemütlicher Abend. Boozoo holt sein Akkordeon, die Söhne begleiten ihn mit ihren Instrumenten und wir anderen tanzen dazu auf dem Gras im Garten. Am nächsten Morgen werde ich verabschiedet, als würde ich zur Familie gehören. Leona nimmt mich fest in die Arme. »Wir sehen uns nächste Woche beim Crawfish Festival in Breaux Bridge«, erinnert sie mich an unsere Verabredung.

Crawfish sind Süßwasserkrebse, die in den überfluteten Reisfeldern, Seen, Teichen und Bayous gezüchtet werden und ein wichtiger Bestandteil vieler Cajun-Gerichte sind. Zum alljährlichen Crawfish Festival strömen Besucher aus ganz Louisiana.

WAS MICH ANTREIBT
INTERVIEW MIT CARMEN ROHRBACH

Maren Martell: Frau Rohrbach, Sie sind in der DDR geboren und aufgewachsen und später auf abenteuerliche Weise in den Westen geflohen. Hatten Sie schon damals in der DDR dieses Fernweh verspürt? Was hat diese Sehnsucht ausgelöst?

Carmen Rohrbach: Dieses Fernweh war schon immer da. Bereits in meinen ersten Lebensjahren hatte es mich gepackt. Ich kann mich an sehr intensive Erlebnisse mit meinen Eltern erinnern, die mich, als ich etwa drei Jahre alt war, auf dem Fahrrad oder in einem Tragekorb beim Wandern in die Natur mitnahmen. Es war der Horizont, diese Linie zwischen Himmel und Erde, die mich faszinierte. Der Horizont ist für mich so ein Schlüsselwort, diese Neugier, zu schauen, was sich dahinter verbirgt. Selbst als ich noch sehr klein war, bin ich gerne weggefahren, auch ohne meine Eltern und habe nie Heimweh verspürt. Mit vier Jahren wurde ich in ein Erholungsheim geschickt, weil ich so dünn war. Die Eltern zögerten, sie haben mich gefragt, willst du dort wirklich ohne uns bleiben? Ich habe gesagt, wenn ich wieder zu euch zurück kann, fahre ich gerne. Später habe ich viel gelesen und der Horizont wurde mit Inhalt gefüllt. Da erfuhr ich aus Büchern von fernen Ländern. Als ich mit 13 Jahren zufällig einen Film von Heinz Sielmann über die Tierwelt auf den Galapagosinseln sah, reifte in mir der Entschluss, Biologie zu studieren. Denn ich wollte nie reisen um des Reisens willen, sondern um etwas zu entdecken, zu sehen, zu beobachten, was es alles noch auf der Erde gibt. Das Unterwegssein sollte für mich immer einen Sinn haben. Als Schulkind bin ich im Wald auf Spurensuche gegangen, um neue Arten zu bestimmen, neue Vögel, neue Schmetterlinge, neue Pflanzen zu finden. Doch nicht nur dort, wo wir damals lebten, sondern später auf der ganzen Erde wollte ich das tun. Ich wäre zu gerne ein Alexander von Humboldt geworden. Mit etwa 14 Jahren musste ich aber feststellen, dass fast alles auf der Erde schon bekannt war. Da stellte sich mir die Frage: Was ist denn für mich noch übrig geblieben, um es zu entdecken?

M.M.: Wandern durch die einsamen Berge Schottlands oder durch die Wüste Jemens, zelten am Fuße eines isländischen Vulkans oder im marokkanischen Atlasgebirge. Das alles sind ja keine bequemen Reisen, sondern bedeuten auch große Strapazen. Was treibt Sie an, solche Orte aufzusuchen, solche teils großen Mühen und manchmal sicher auch Gefahren auf sich zu nehmen?

C.R.: Fast alle meine Reisen waren Abenteuerreisen und sind es immer noch. Ich reise ja weiterhin am liebsten mit Rucksack, Schlafsack und Zelt. Meist bin ich zu Fuß unterwegs. Ausnahmen waren etwa Louisiana, wo ich an einem Film arbeitete, und Namibia, wo man nur mit einem Fahrzeug in die Naturparks darf. Sonst suche ich am liebsten einsame Gebiete auf, die kaum von Menschen besiedelt sind. Warum ich die Strapazen auf mich nehme? Da, wo die Natur noch ursprünglich ist, ist das Unterwegssein automatisch mit Entbehrungen verbunden. Jedoch suche ich nicht die Gefahr, oder weil ich so asketisch leben möchte, mit wenig Nahrung, Schlafen unter freiem Himmel auf hartem Untergrund und dem Wetter ausgesetzt, sondern weil ich nur so die Natur wahrhaftig erleben kann. Da gehört es dazu, sich solchen Herausforderungen zu stellen. Mit mehr Komfort würde ich nicht erleben können, was mir wichtig ist. Die Ursprünglichkeit der Natur und die Tier- und Pflanzenwelt zu beobachten, das sind meine Interessen.

M.M.: Ganz am Anfang standen Ziele im sozialistischen Ausland auf Ihrer Reisewunschliste. Also die Mongolei, Kuba, Sibirien, die damalige Sowjetunion. Das war auch etwas aus der Not geboren, denn der Rest der Welt war Ihnen zu DDR-Zeiten verschlossen. Was hätte es da zu entdecken gegeben?

C.R: Genau das gleiche, was ich nach meiner Flucht in den fernen Ländern entdecken und finden wollte. Ich bin später vom Westen aus in die Mongolei gereist. Und was ich da erlebt habe, hätte ich auch schon Jahre zuvor so vor-

Oben: Axolotl, ein mexikanischer Molch, und weiße Ratten waren meine Versuchstiere beim Studium an der Karl-Marx-Universität in Leipzig.

Unten: Bunte Meerechsen gibt es nur auf der Galapagosinsel Floreana. Dort legen die Männchen zur Fortpflanzungszeit, wenn sie ihr Territorium gegen Rivalen verteidigen, ein farbenprächtiges Schuppenkleid an.

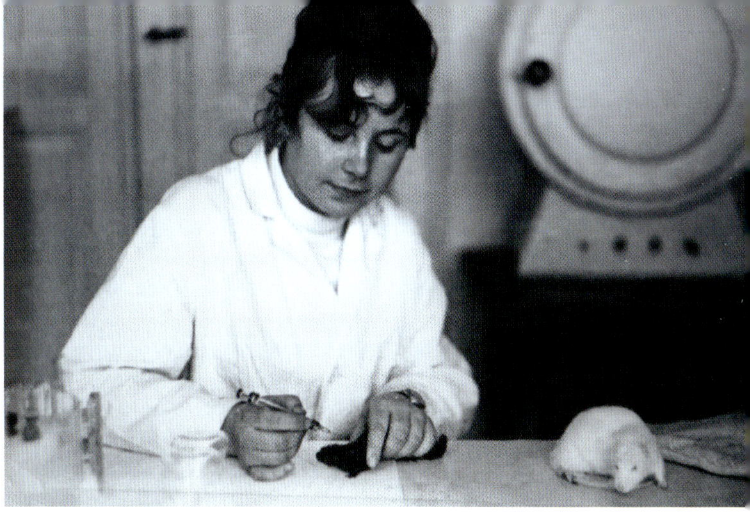

gefunden, wenn mir die DDR eine Forschungsreise dorthin erlaubt hätte. Mich hat in der Mongolei neben der Natur auch das Nomadenleben interessiert. Für Sibirien hätte ich zu DDR-Zeiten gerne einen Forschungsauftrag gehabt, um den Sibirischen Tiger zu erforschen. Für Kuba gab es zwar einen Forschungsauftrag, für den ich mich beworben hatte, aber man lehnte mich ab, weil ich Verwandte im Westen hatte.

M.M.: Später, als Sie dann im Westen lebten, war das anders. Die ganze Welt lag Ihnen quasi zu Füßen. Wie wählten Sie die Ziele aus, wo setzten Sie die Schwerpunkte?

C.R.: Meine erste Reise führte mich zu den Galapagosinseln. Das war dann tatsächlich ein Forschungsauftrag vom Max-Planck-Institut in Seewiesen am Starnberger See. Nach meiner Rückkehr wäre nicht gleich wieder ein Auslandsaufenthalt möglich gewesen. Die Gelder flossen mehr in andere Forschungsfelder. Da beschloss ich, mir selber Ziele zu setzen, zwar keine wissenschaftlichen, aber meine Freude am Schreiben wollte ich mit Erlebnisreisen kombinieren. Mein Buch über mein Jahr auf den Galapagosinseln war quasi der Start für meinen Beruf als Reiseschriftstellerin. Die meisten Ziele musste ich nicht groß überlegen. Die waren schon da. In meiner Jugend hatte ich soviel aus den Büchern erfahren, da wusste ich ganz genau, wohin ich wollte. Später kamen dann neue Ziele hinzu wie zum Beispiel Namibia als ehemalige deutsche Kolonie. Bei diesem Thema hat mich sowohl die Natur als auch die Geschichte interessiert.

M.M.: Als Sie 1974 versuchten, aus der DDR zu fliehen, waren wir auf der Welt gerade einmal vier Milliarden Menschen. Mittlerweile sind es fast siebeneinhalb Milliarden. Und die Menschen reisen viel. Überall werden die letzten Refugien erschlossen. Es gibt eigentlich keine weißen Flecken mehr auf der Landkarte. Wie haben Sie Ihre ersten Reisen empfunden? Was hat sich im Laufe der Jahre verändert? Was machte das Reisen damals und was macht es heute aus?

C.R.: Dass es keine weißen Flecken mehr auf der Erde gibt, diese Erkenntnis hatte ich wie gesagt schon mit 14. Daher entwickelte ich für mich Themen. Ich sagte mir, wenn ich keine neuen Kontinente und Länder entdecken kann, dann gehe ich eben in noch weitgehend naturbelassene Gebiete, wo es etwas zu beobachten gibt. Darin hat sich für mich in den vergangenen Jahren nichts verändert. Es gibt immer noch Refugien. Ich bin früher mit dieser Zielsetzung gereist und reise heute noch so. Das Leben der Menschen in den einzelnen Ländern ist jedoch nicht gleich geblieben, manches hat sich verschlechtert, anderes ist besser geworden, wenn zum Beispiel in der Nähe eines Dorfes in Ecuador Rohstoffe entdeckt und abgebaut werden. Da würde ich ehemals kleine Andendörfer nicht wiedererkennen. Das wären keine Ziele mehr für mich. Die Erde ist zwar scheinbar für uns kleiner geworden, aber in Wirklichkeit ist sie ein sehr großer Planet. Wenn ich aufzähle, wo ich noch nicht war, dann sind das mehr Gebiete als jene, die ich schon kennengelernt habe. Da ist es zeitlich kaum möglich, mehrmals in das gleiche Land zu reisen.

Oben: Kuhantilopen werden auch *Hartebeest* genannt, ein Bezeichnung aus dem Afrikaans. Sie bevorzugen trockene Savannen, früher waren sie über ganz Afrika verbreitet, vom Mittelmeer bis zum Kap, inzwischen ist ihr Lebensraum stark geschrumpft.

Rechts: Meine Gastgeberin Isina mit ihrem Töchterchen im Massaaidorf, wo ich mich mehrere Wochen aufhalten durfte.

Auf traditionell lebende Massai wird von der keniatischen Regierung Druck ausgeübt. Das Nomadenvolk soll sesshaft werden und Ackerbau betreiben. Die Rückzugsgebiete für die Massai werden immer kleiner.

M.M.: 40 Jahre Abenteuer, 40 Jahre Reisen an die entlegensten Orte der Welt. Was hat das mit Ihnen gemacht? Haben Sie sich durch das Reisen verändert?

C.R.: Wenn ich mich von innen betrachte, dann habe ich mich nicht verändert. Einzig geändert hat sich, dass ich mehr weiß, dass ich mehr erlebt habe und mehr Geschichten erzählen kann. Wenn ich ein anderes Leben gelebt und zum Beispiel viele Jahre als Biologin in einem Labor gearbeitet hätte, um dann mein Leben zu ändern und hinaus in die Welt zu gehen, wäre das sicher ein großer Kontrast gewesen. Aber ich habe das ja von Anfang an so Schicht um Schicht aufgebaut. Da ist kein Bruch entstanden. Natürlich bekommt man durch das Reisen in ferne Länder mehr Weitblick. Man wird toleranter, wenn man erfährt, wie andere Menschen leben und denken. Aber Neugier, Offenheit und Toleranz waren mir schon von Anfang an mitgegeben. Ich hatte nie Berührungsangste zu Menschen, die anders lebten. Auch als junger Mensch nicht.

M.M.: Wie war es, als Frau alleine unterwegs zu sein? Da waren Sie einerseits in rauen Gegenden den Naturgewalten ausgesetzt. Sie bereisten aber auch Regionen, wo Frauen in der Gesellschaft einen ganz anderen Status haben als bei uns, so zum Beispiel den Jemen oder andere islamisch geprägte Länder? Hatten Sie da manchmal Angst?

C.R.: Ja, klar hatte und habe ich Angst. Die Natur ist nicht ungefährlich, wenn man zum Beispiel im Gebirge oder in der Wüste unterwegs ist und wenn man sich verirrt. Wasser und Nahrungsmangel, aber auch Krankheiten können schnell zu bedrohlichen Situationen werden. Aber ich bin nie einfach blauäugig losgefahren. Ich habe mich immer sehr lange darauf vorbereitet. Ich war auch deshalb selten in Gefahr, weil ich kaum in touristischen Gebieten war, denn dort wird man eher überfallen als in einsamen Gegenden, wo es kaum Menschen gibt. Richtig lebensbedrohlich war es für mich nur einmal im Leben gewesen. Das war bei meiner DDR-Flucht, als ich durch die Ostsee schwamm. Aber vielleicht schützt mich auch die Angst, die mich sehr vorsichtig sein lässt. Und außerdem habe ich mich in gefährlichen Situationen immer in die Nähe von einheimischen Frauen begeben und bei ihnen Schutz gesucht. Es gab wirklich nie eine Situation, wo ich mich fragte, warum mache ich das hier. Im Gegenteil, ich fühlte mich stets sehr wohl und glücklich, vor allem in unwirtlichen Gegenden wie zum Beispiel auf Island, als ich in der Nähe eines Vulkans mein Zelt aufschlug. Ich habe keine romantische Vorstellung von der Wildnis. Wahrscheinlich auch durch die vielen Bücher, die ich in der Kindheit und Jugend gelesen habe. Mir war durch die Lektüre schon sehr früh bewusst, dass die Wildnis lebensgefährlich sein kann. In der Tat ist die Angst mein ständiger Begleiter, die mich aber wohl auch davor bewahrt hat, unnötige Risiken einzugehen. Das ist keine Panik, die Angst ist vielmehr wie ein guter Freund, der neben mir steht, mich warnt und sagt: »Du schau mal, willst Du das jetzt wirklich machen?«

Im Jemen spielte eine große Rolle, dass ich damals so lange blieb, länger als ein Jahr, und auch die Sprache gelernt habe. Ich konnte richtig in diese fremde Welt eintauchen, zuerst bei der Stadtbevölkerung, später bei den Beduinen und in den Dörfern. Außerdem hatte ich mich sehr lange auf den Jemen vorbereitet, Bücher früherer Jemen-Reisender gelesen, Kontakt zur Deutsch-Jemenitischen Gesellschaft aufgenommen, Leute befragt, die im Jemen als Archäologen oder bei Hilfsprojekten gearbeitet hatten, und dabei einen guten Einblick in die Kultur und die Bräuche gewonnen, die ich respektierte und achtete. Ich hatte mir zudem vorgenommen, nichts gegen den Willen der Bevölkerung zu tun. Ich wusste, im Jemen kann ich nicht einfach losziehen, ich brauche das Einverständnis der Leute. Es war das einzige Land, wo ich die Bevölkerung bei allen Touren miteinbezogen habe. Die Menschen, denen ich dort begegnete, fühlten sich für mich immer verantwortlich. Dadurch bestand so gut wie nie Gefahr für mich, entführt zu werden.

In der heutigen Situation würde ich kein arabisches Land besuchen und auch kein Land, in dem Krieg herrscht,

Oben: Kleine Mädchen müssen sie sich weder verschleiern noch Kopftuch tragen. Sie dürfen auch lesen und schreiben lernen, aber nur, wenn der Unterricht von Lehrerinnen gehalten wird. Im Jemen besteht Schulpflicht.

Unten: Gut behütet vom Militär im Jemen, für mich ein gewöhnungssbedürftiger Anblick.

denn mein Thema ist die Natur und die noch ursprünglich lebenden Menschen. Hätte ich einen anderen Beruf, wäre zum Beispiel Journalistin, die von einer Zeitung beauftragt wird, würde ich natürlich auch in Krisengebiete gehen, um von dort zu berichten. Aber das wäre dann eine ganz andere Zielsetzung.

M.M.: Was war Ihr schönstes Erlebnis, was Ihr Lieblingsziel? Was war die gefährlichste Situation?

C.R.: Am beeindruckensten waren die Reisen, bei denen ich ein Jahr und länger in der Region blieb. An erster Stelle kann ich die Galapagosinseln nennen. Wer kann schon ein Jahr lang auf diesen Inseln unter den Tieren leben? Weitere Höhepunkte waren der Jemen und die Mongolei. Im Jemen bekam ich, weil ich selbst eine Frau bin, engen Kontakt zu den Jemenitinnen, konnte »hinter den Schleier schauen«. Und dann natürlich meine Tour mit dem Dromedar durch die Wüste. Wirklich in Gefahr war ich dabei nie. Auch Island war für mich ungefährlich. Bei Unwetter, Kälteeinbruch selbst im Sommer oder wenn die Gletscherflüsse plötzlich das Land überschwemmen, sind schon einige Menschen ums Leben gekommen. Ich war jedoch gut ausgerüstet und auf die Gefahren vorbereitet.

M.M.: Wie ist das eigentlich, wenn man so viele Abenteuer überstanden hat und dann nach Hause kommt? Findet man sich dann zurecht oder will man eigentlich gleich wieder los? Und kann man sich seiner Umgebung überhaupt mitteilen? Hätten Sie manchmal auch gerne eine Reisebegleitung dabei gehabt?

C.R.: Mir fällt es nicht schwer, wieder in mein Leben hier einzutauchen. Ich mag es, mich als Grenzgänger zwischen verschiedenen Welten zu fühlen. Mir gefällt der Kontrast zwischen dem abenteuerlichen Unterwegssein und dem komfortablen Dasein zu Hause, wo ich wieder neue Kraft schöpfen, Ideen entwickeln und meine Bücher schreiben kann.

Früher, als ich anfing, wäre ich gern mit jemandem zusammen gereist. Es war aber halt niemand da, der so viel Zeit gehabt und sich so etwas getraut hätte. Später habe ich dann gemerkt, allein zu reisen hat nur Vorteile. Ich komme näher an die Menschen heran, kann ungestört Tiere beobachten, kann meinen Rhythmus selber bestimmen. Wenn jemand dabei wäre, würde ich mich für denjenigen in irgendeiner Form verantwortlich fühlen, dann wäre ich nicht mehr so frei.

M.M.: Sie haben nun schon so viele Ziele bereist. Vieles in der Welt hat sich verändert. Vor zwei Jahren sind sie die Donau entlang gefahren, mit dem Fahrrad. Verlegen Sie jetzt Ihren Schwerpunkt mehr auf das Naheliegende, auf Europa? Wohin würden Sie unbedingt noch einmal reisen wollen?

C.R.: Nein, nein der Eindruck täuscht, dass ich nun nur noch Ziele in der Heimat bevorzuge. Im Gegenteil, ich habe viele Pläne, die mich in die Ferne führen. Ein aktuelles Ziel ist Kanada. Ich will in einer Trapperhütte in British Columbia überwintern. In einer Blockhütte, die nichts hat, kein Internet, keinen Strom, kein fließendes Wasser. Die Hütte habe ich schon ausgesucht. Da wandere ich jetzt im Sommer hin, rund 200 Kilometer, und schaue mir vor Ort an, ob mein Vorhaben realisierbar ist, ob ich da beispielsweise genügend Feuerholz habe und ein Funkgerät besorgen kann. Aber es gibt noch viele andere Ziele. So war ich noch nicht in Australien, nicht in Neuseeland, in Neuguinea, in der Antarktis oder auf Grönland. In Südamerika interessiert mich Chile mit der Atacama-Wüste. Und nach meinem Kanada-Projekt will ich auf die Halbinsel Kamtschatka im ostasiatischen Teil Russlands. Auch da laufen schon die Vorbereitungen.

Oben: Ich hatte keine Waffe dabei und habe meinen Al Wasim geführt, denn er setzte sich nur in Bewegung, wenn ich vorausging. Die Dorfbewohner wollten mich aber mit Gewehr und reitend fotografieren, damit es echt aussah.

Rechts: Nach anstrengender Wanderung endlich Rast am Bergsee Lac d'Ifni in Marokko.

»Für mich ist Reisen, Schreiben, Fotografieren und Filmen eine Einheit, es sind Mittel, um mein Erleben anderen Menschen mitteilen zu können.«

Impressum

Verantwortlich: Dr. Birgit Kneip, Joachim Hellmuth
Lektorat: Barbara Rusch
Korrektorat: Nina Pietraszek
Gestaltung: Erdgeschoss Grafik,
Esther Gonstalla/erdgeschoss-grafik.de
Umsetzung: VerlagsService Gaby Herbrecht
Umschlaggestaltung: Der UHLIG, Büro für Gestaltung
Repro: LudwigMedia, Zell am See
Herstellung: Bettina Schippel
Druck: Printer Trento, Italy

★ ★ ★ ★ ★

Sind Sie mit diesem Titel zufrieden? Dann würden wir uns über Ihre Weiterempfehlung freuen.

Erzählen Sie es im Freundeskreis, berichten Sie Ihrem Buchhändler, oder bewerten Sie bei Onlinekauf. Und wenn Sie Kritik, Korrekturen, Aktualisierungen haben, freuen wir uns über Ihre Nachricht an NG Buchverlag, Postfach 40 02 09, D-80702 München oder per E-Mail an info@nationalgeographic-buch.de.

Unser komplettes Buchprogramm finden Sie unter

www.nationalgeographic-buch.de

Alle Angaben dieses Werkes wurden vom Autor sorgfältig recherchiert und auf den neuesten Stand gebracht sowie vom Verlag geprüft. Für die Richtigkeit der Angaben kann jedoch keine Haftung übernommen werden.

Bildnachweis: Alle Bilder stammen von Carmen Rohrbach, bis auf:
S.71 und 85 o.: © Ecuadorpostales/shutterstock
Umschlagtitelseite, oben: © Peter von Felbert

Ein Teil der in diesem Band enthaltenen Geschichten basiert auf Texten, die bereits in einem der folgenden Bücher von Malik National Geographic veröffentlicht wurden, © Piper Verlag GmbH, München/Berlin:
»Inseln aus Feuer und Meer«, 2000 (Robinsonleben auf Galapagos);
»Mongolei«, 2008 (Bei den Wildtieren der Mongolei);
»Unterwegs sein ist mein Leben«, 2012 (Experiment Alleinsein – in den Cairngorm Mountains; In Bedrängnis – Erlebnisse im Atlasgebirge; Coto Doñana – mein erstes Wüstenerlebnis);
»Der weite Himmel über den Anden«, 2000 (Sturm am Cayambe);
»Namibia«, 2007 (Namib – die rote Wüste);
»Im Reich der Königin von Saba«, 2000 (Jemen – mit dem Dromedar durch die Gebirgswüste);
»Auf der Insel der Gletscher und Geysire«, 2013 (Die Magie des Lichts – Island).
Der Abdruck der Fotos auf S. 34 o. und S. 175 o. geschieht mit freundlicher Genehmigung der Piper Verlag GmbH, München/Berlin.

Seit ihrer Gründung 1888 hat sich die National Geographic Society weltweit an mehr als 12 000 Expeditionen, Forschungs- und Schutzprojekten beteiligt. Die Gesellschaft erhält Fördermittel von National Geographic Partners LLC, unterstützt unter anderem durch Ihren Kauf. Ein Teil der Einnahmen dieses Buches hilft uns bei der lebenswichtigen Arbeit zur Bewahrung unserer Welt. Das legendäre NATIONAL GEOGRAPHIC-Magazin erscheint monatlich. Darin veröffentlichen namhafte Fotografen ihre Bilder und renommierte Autoren berichten aus nahezu allen Wissensgebieten der Welt. National Geographic im TV ist ein Premium Dokumentations-Sender, der ein informatives und unterhaltsames Programm rund um die Themen Wissenschaft, Technik, Geschichte und Weltkulturen bereithält. Falls Sie mehr über National Geographic wissen wollen, besuchen Sie unsere Website unter **www.nationalgeographic.de**.

Die Deutsche Nationalbibliothek verzeichnet diese Publikation in der Deutschen Nationalbibliografie; detaillierte bibliografische Angaben sind im Internet über http://dnb.d-nb.de abrufbar.

ISBN 978-3-86690-549-8